Schriften

des

Vereins für Socialpolitik.

129. Band. Neunter Teil.

Gemeindebetriebe.

Neuere Versuche und Erfahrungen über die Ausdehnung der kommunalen Tätigkeit in Deutschland und im Ausland.

Zweiter Band.

Neunter Teil.

Leipzig,
Verlag von Duncker & Humblot.
1910.

Die Gemeindebetriebe der Stadt Königsberg i. Pr.

Von

Dr. Georg Neuhaus,
Direktor des städtischen statistischen Amtes.

Der Gemeindebetriebe zweiter Band. Neunter Teil.
Mit einem Stadtplan.

Im Auftrag des Vereins für Socialpolitik
herausgegeben von
Carl Johannes Fuchs.

Leipzig,
Verlag von Duncker & Humblot.
1910.

Altenburg
Piererſche Hofbuchdruckerei
Stephan Geibel & Co.

Vorwort.

Die vorliegende Arbeit wurde dem Verfasser übertragen, nachdem ein anderer in Aussicht genommener Bearbeiter wegen Zeitmangels sich zu einer nachträglichen Ablehnung genötigt sah. Da es an jeglichem gedruckten Material fehlt, welches die Entwicklung aller oder einzelner Betriebe für einen größeren Zeitraum darstellt, so mußten die erforderlichen Angaben den „Verwaltungsberichten des Magistrats über die Verwaltung und den Stand der Gemeindeangelegenheiten", welche seit 1854 jährlich erscheinen, und, da diese doch nur lückenhafte Nachrichten geben, den Akten (mit ausdrücklicher Genehmigung des Magistrats) entnommen werden. Wenn somit auch aus den Urquellen geschöpft werden konnte, so wurde die zu bewältigende Arbeit dadurch so gesteigert, daß die Abhandlung erst im Sommer 1909 im Manuskript vollendet werden konnte.

Es ist nun im folgenden versucht worden, alle wesentlichen Tatsachen der Entstehung und der Entwicklung der Königsberger Gemeindebetriebe in möglichst knapper Form darzustellen. Wo eine Schilderung durch Zahlen möglich war, sind Tabellen gewählt worden, zu welchen nur wenige Erläuterungen hinzugesetzt sind. Das genaue Lesen der Tabellen ist somit notwendig, um ein Bild der Entwicklung zu gewinnen. Da ein zweckmäßiger Stadtplan von Königsberg jetzigen Umfanges selbst in den neusten Konversationslexiken fehlt, so ist ein solcher beigefügt.

Die späte Drucklegung ermöglichte es, alle Veränderungen bis Mitte November 1909 bei der Darstellung zu berücksichtigen.

Königsberg i. Pr., Ende November 1909.

Georg Neuhaus.

Inhaltsverzeichnis.

Einleitung.

Das Gedeihen aller Betriebe, also auch das der städtischen, ist von den an deren Standorte bestehenden natürlichen und sozialen Verhältnissen abhängig; ungünstige allgemeine Bedingungen sind durch die beste Verwaltung nicht in der Weise zu überwinden, daß die Betriebe die durchschnittlich mögliche Rentabilität erreichen oder gar übersteigen. Das sind Binsenwahrheiten; aber an diese muß erinnert werden, bevor in eine Darstellung der Gemeindebetriebe der Stadt Königsberg i. Pr., welche mit ganz besonderen Schwierigkeiten zu kämpfen haben, eingetreten wird. Da außerdem in diesem Teile der Schriften des Vereins für Socialpolitik die Betriebe anderer Städte dargestellt werden, welche in jeder Beziehung weit günstigere Verhältnisse für die Gemeindebetriebe aufweisen als die nordöstlichste deutsche Großstadt, so müssen wir kurz auf die allgemeinen Bedingungen eingehen, von welchen die Rentabilität auch der Gemeindebetriebe in unserer Stadt abhängig ist.

Die klimatischen Verhältnisse sind nicht sonderlich günstig; plötzliche Wetterstürze treten nicht selten ein; der Winter beginnt oft im Oktober und endet in der ersten Hälfte des April; die Binnenschiffahrt, die ziemlich ausgedehnt ist, dauert daher nur 7 bis 8 Monate. Der Seeverkehr wird zwar seit der Vollendung des Seekanals im Jahre 1902 den ganzen Winter hindurch mit Hilfe von Eisbrechern aufrecht erhalten, er ist in dieser Zeit jedoch für Segelschiffe geschlossen.

Auch die Bodenbeschaffenheit der Stadt bereitet den Bauten, namentlich den Anlagen von Rohrleitungen jeglicher Art, große Schwierigkeiten. Wie ein Blick auf die beigegebene Karte zeigt, vereinigen sich der alte und der neue Pregel unterhalb des eine Insel bildenden Kneiphofs, dieser sowie die nächst dem Pregel gelegenen Straßen, ferner die Lomse, Cosse, der Nasse Garten usw. bestehen aus Schwemmland und haben teilweise einen moorigen Untergrund. Diese Stadtteile liegen außerdem sehr tief, der Nasse Garten stellenweise sogar unter Normalnull. Dagegen steigt das aus Tonablagerungen von großer Mächtigkeit bestehende Samlandplateau nach Süden zum Haberberg, nach Norden zum Steindamm, Roßgarten, Löbenicht und Sackheim sehr steil an. Die Niveauunterschiede betragen rund 25 m.

Äußerst ungünstig ist die noch bestehende Umwallung. Durch sie werden auf einen engen Raum von 2032,8 ha 200 000 Einwohner zusammengedrängt. Nur acht mit Wagen passierbare Tore nebst einem Mauerdurchbruch und einem nur für Fußgänger offenen Ausfalltore führen aus der Stadt. Dadurch wird nicht nur der Verkehr äußerst beschränkt, der häufig weite Umwege machen muß, auch die gesamten städtischen Leitungen, die nach außen führen, können nicht den wirtschaftlich günstigsten Weg wählen. Wie schon hierdurch die Rentabilität der städtischen Betriebe eingeschränkt wird, so noch mehr durch das Festungsgelände und die Rayonbeschränkungen. Durch beide wird um die innere Stadt ein fast 2 km breiter Gürtel herumgeführt, auf dem keine Wohngebäude aufgeführt werden dürfen. Alle mit Leitungen verbundenen städtischen Betriebe finden somit innerhalb dieses Gürtels keine Konsumenten. Die Gasanstalt, das Elektrizitätswerk, das Wasserwerk usw. müssen in diesen Teilen Anlagen unterhalten, für die sie gar kein Äquivalent erhalten; die städtische elektrische Straßenbahn muß, wenn sie die Tore durchfährt, eine Strecke von 2 km passieren, in der sie auf Fahrgäste nicht rechnen kann.

Alle diese die Entwicklung der Stadt und ihrer Betriebe nicht gerade fördernden Umstände würden wenig verschlagen, wenn die Stadt selbst ein großes Vermögen besäße, oder die Bevölkerung besonders wohlhabend wäre. Beides ist aber nicht der Fall. Der unglückliche Feldzug gegen Napoleon I. 1806/07 führte eine Besetzung Königsbergs durch das französische Heer herbei. Die Stadt wurde zu außerordentlich hohen Requisitionen und Kontributionen herangezogen. Fast ebensosehr hatte sie 1812 unter dem Durchmarsch der Truppen zum Winterfeldzuge in Rußland zu leiden. Der Stadt verblieb aus dem Kriege von 1806/07 eine Schuld von nicht ganz 5¼ Millionen Mark, eine zwar für heutige Verhältnisse nicht große Summe. Damals aber bedeutete die Kriegsschuld bei der verarmten, sich nur langsam erholenden Bevölkerung ein ganz außerordentlicher Druck. Die Tilgung der Kriegsschuld ging nur sehr langsam voran, die jährliche Tilgungsquote betrug noch 1855 nur 18 000 Mk., und die ganze Kriegsschuld in demselben Jahre 4 378 495 Mk.; 1863 wurde ein neuer Tilgungsplan aufgestellt, nach welchem von der sich noch auf 4 088 395 Mk. belaufenden Schuld jährlich ein Betrag von 52 200 Mk. abbezahlt wurde; außerdem wurden zur Tilgung die ersparten Zinsen verwendet. Seit 1869 erhielt die Stadt gegen Verzicht auf ihr Recht der Erhebung eines Zuschlages zur Braumalzsteuer vom Staate einen jährlichen Zuschuß von 15000 Mk., seit 1875 einen weiteren von 75000 Mk. Der Rest der Kriegsschuld wurde 1900 abgetragen. Das Vorhandensein der Kriegsschuld lähmte lange Jahrzehnte hindurch die städtischen Körperschaften in ihrer Entschließungsfähigkeit, größere Geldmittel für städtische Betriebe auszuwerfen.

Nicht zu vergessen ist ferner, daß Königsberg die Hauptstadt der kapitalärmsten Provinz Preußens ist, in der fast ausschließlich Landwirtschaft betrieben wird. Das rauhe Klima, die kurze Vegetationsperiode und die relativ dünne Ansiedlung verhindern eine größere Rentabilität der landwirtschaftlichen Betriebe. Königsberg leidet ebenso wie die Provinz unter der allgemeinen, sehr bedeutenden Abwanderung der ostpreußischen Bevölkerung. Die jährliche Zunahme der städtischen Einwohnerschaft beruht zum größten Teile auf dem Überschusse der Geburten über die Sterbefälle. Die Anzahl der Lebendgeborenen ist aber relativ gering, sie betrug im Kalenderjahr 1906 30,0, 1907 28,8, 1908 29,6 aufs Tausend der mittleren Jahresbevölkerung. So ist das Wachstum der Bevölkerung nur mäßig, es stellte sich 1906 auf 26,8, 1907 auf 20,8 und 1908 auf 16,0 vom Tausend der mittleren Jahresbevölkerung. Hierzu kommt, daß die leistungsfähigsten in Königsberg geborenen Arbeiter nach dem Westen abwandern und durch die nur kleinstädtische Ansprüche befriedigenden, einwandernden Arbeiter aus der Provinz ersetzt werden, die, wenn sie sich die Fähigkeit erworben haben, großstädtischen Anforderungen zu genügen, leicht wieder die Stadt verlassen. Die Abwanderung wird noch dadurch gefördert, daß die Lebensmittel, die Wohnungen usw., kurz die Kosten der Unterhaltung in Königsberg nicht viel billiger sind als z. B. in Berlin, und daß die an sich nicht niedrigen Löhne wegen der geringeren Rentabilität der Arbeitsleistungen nicht die Höhe der im Westen gezahlten erreichen können.

Alle diese Tatsachen, die auf die städtischen Unternehmungen hemmend einwirkten und zum Teil noch einwirken, sind zu berücksichtigen, wenn man sich von der Unternehmertätigkeit der Stadtgemeinde einen klaren Begriff machen will. Nur der zähen Beharrlichkeit und dem Pflichteifer desjenigen Teiles der Bürgerschaft, aus welchem sich die städtischen Körperschaften zusammensetzen, ist es zu danken, wenn die Stadt, in welcher ein Kant vor mehr als 100 Jahren den kategorischen Imperativ der Pflicht gelehrt hat, sobald die Notwendigkeit, Opfer zu bringen, erkannt war, die großen Lasten sich und ihren Mitbürgern aufgebürdet hat, welche notwendig waren, um die allen modernen Ansprüchen einer Großstadt jetzt genügenden städtischen Unternehmungen zu planen und durchzuführen.

Gegenwärtig befindet sich Königsberg in dem Stadium eines Überganges; die Eingemeindung von Vororten am 1. April 1905, die schon aus dem Grunde notwendig war, wenn die Befestigung fallen sollte, brachte der Stadt einen Bevölkerungsgewinn von nur rund 20 000 Köpfen, die sich auf ein Gebiet von 2402 ha verteilen, das also größer ist als das alte Stadtgebiet. Der bedeutendste Teil der Fläche der Vororte wird landschaftlich genutzt; denn nach der Aufstellung des Katasteramtes entfielen am 31. März 1907 705,31 ha auf Haus- und Hofräume, 289,27 ha auf Wege, 43,39 ha auf Gewässer, 42,11 ha auf steuerfreies Land und 1830,40 ha auf grundsteuerpflichtiges Land. Ein großer Teil der Einrichtungen im alten Stadtbezirk waren in den Vororten bei ihrer Eingemeindung nicht vorhanden. Wasserleitung, Gasleitung, Kanalisation usw. mußten neu angelegt werden, obgleich eine Rentabilität wegen der weiten Bebauung und der darauf beruhenden geringen Ausnutzungsfähigkeit der Anlagen in den Vororten fast ausgeschlossen war. Vollständig werden sich alle Verhältnisse ändern, wenn die Entfestigung durchgeführt sein wird.

Die nachfolgende Darstellung wird zeigen, welch schnelle Ausdehnung die Betriebe der Stadt Königsberg in den letzten Jahren erfahren haben. Daß die städtischen Körperschaften auch in der nächsten Zukunft weiter fortfahren werden, gerade die städtischen Unternehmungen zu erweitern, das geht daraus hervor, daß die städtischen Körperschaften am 29. Juni 1909 den Ankauf des den alten Stadtbezirk umgebenden Festungsgeländes von rund 303 ha Fläche für den Preis von 29 Millionen Mark beschlossen haben, wodurch für die Erschließung des Geländes als Bauland ein weiterer Aufwand von etwa 25 Millionen Mark erforderlich werden wird. Auch die am 15. Juni 1909 beschlossene Aufnahme einer Anleihe von 43 Millionen Mark soll vornehmlich zur Vergrößerung der Betriebe dienen. Von dieser Anleihe, welche vom Finanzminister noch zu genehmigen ist, sollen nämlich verwendet werden für:

1.	Abfindungen infolge der Eingemeindung .	1 355 295,32	Mk.
2.	Schulneubauten	4 234 000,00	„
3.	Aufwendungen für Straßen in den Vororten	4 516 700,00	„
4.	Volksbad und Lesehalle	130 000,00	„
5.	Museumsbauten	918 000,00	„
6.	Erwerb des Kunstakademiegebäudes . . .	280 000,00	„
7.	den Grundkapitalfonds	3 000 000,00	„
8.	Straßenbahnanlagen	3 893 000,00	„

9.	Gasanstaltsanlagen	3 467 000,00	Mk.
10.	Elektrizitätswerksanlagen	1 737 000,00	„
11.	Feuerwehr und Fuhrwesen	1 613 500,00	„
12.	Krankenhausbau	1 020 000,00	„
13.	Park= und Gartenanlagen	676 000,00	„
14.	Wasserleitungsanlagen	1 309 000,00	„
15.	Stadtbibliothek und Archiv	86 000,00	„
16.	Hafenbauten und Uferbefestigungen . . .	1 600 000,00	„
17.	Grunderwerb für Hafenanlagen und Brückenbauten	2 859 000,00	„
18.	Kanalisation	7 150 000,00	„
19.	Armenanstaltsbau	1 348 000,00	„
20.	Anleihekosten, Kursverluste und sonstiges .	1 807 504,68	„

Was nun die Einteilung der Betriebe anlangt, so werden zu den Betrieben zur Pflege der öffentlichen Gesundheit außer der Straßenreinigung, der Müllabfuhr, den Badeanstalten, der Desinfektionsanstalt, der Kanalisation auch das Wasserwerk, sowie der Schlacht= und Viehhof gerechnet. Das Wasserwerk ist niemals eine auf Gewinnerzielung gerichtete Unternehmung der Stadtgemeinde gewesen, die Errichtung seiner neuen Anlagen ist vielmehr lediglich auf gesundheitliche Gründe zurückzuführen. Auch die Errichtung des Schlachthofes ist, wie aus dem betreffenden Teile dieser Abhandlung hervorgeht, aus der Rücksichtnahme auf die öffentliche Gesundheit erfolgt; der Viehhof wurde mit dem Schlachthofe gemeinsam behandelt, weil beide in ihrer Anlage und Verwaltung einen einheitlichen Betrieb darstellen.

Zu den Betrieben der öffentlichen Wohlfahrtspflege gehören die städtische Sparkasse, das städtische Leihamt und die vor kurzem aufgehobene städtische Feuersozietät.

In der Abteilung städtische Betriebe zur Deckung des eigenen Bedarfs der Stadtverwaltung werden das Fuhrwerkswesen, die Park= und Gartenverwaltung, das Gemeindeblatt und die sonstigen hierher gehörigen Betriebe dargestellt.

Das städtische Grundeigentum dient nicht nur zur Deckung des eigenen Bedarfs der Verwaltung an Bauland, sondern auch anderen Zwecken; aus der Parzellierung des von der Stadt demnächst zu übernehmenden Festungsgeländes und aus dem Verkaufe der Parzellen hoffen die städtischen Körperschaften einen besonderen Gewinn zu erzielen; die Darstellung des städtischen Grundeigentums läßt sich daher nicht in einen anderen Teil dieser Abhandlung unterbringen und bildet einen Abschnitt für sich.

Der letzte Abschnitt betrifft die städtischen Unternehmungen, also solche Veranstaltungen, die von der Stadtgemeinde außer aus Gründen öffentlicher Natur auch zum Zwecke der Gewinnerzielung gegründet worden sind. Dazu gehören die Gasanstalt, das Elektrizitätswerk und die städtische elektrische Straßenbahn. Da die städtischen Handelsanstalten zurzeit noch einen für die allgemeine städtische Verwaltung zu verwendenden Überschuß abwerfen sollen, so werden sie zu den Unternehmungen gezählt; mit ihnen ist die Verwaltung des Hafens darzustellen, wenn dieser auch nicht als eigentliche städtische Unternehmung anzusehen ist.

A. Betriebe zur Pflege der öffentlichen Gesundheit.

I. Straßenreinigung.

Nach einer königlichen Verordnung vom 24. August 1752, welche bestehende Bestimmungen wahrscheinlich nur ergänzte, hatte „das Gesinde des Hauses" alle zwei Tage den Gassenkehricht zusammenzukehren. Das Abfahren des Kehrichts geschah durch die von der Stadt zu unterhaltenden „publiquen Gassenkarren." Für diese Kehrichtabfuhr wurde ein Karrengeld erhoben. Wie hoch dieses war, läßt sich nicht mehr feststellen, da die betreffende, bereits am 30. September 1735 ergangene Verordnung nicht aufzufinden war. Doch geht aus einer Bestimmung der Verordnung von 1752 hervor, daß das Karrengeld je nach der Länge der Front der Häuser verschieden bemessen wurde. Zur Zahlung des Karrengeldes und somit wohl auch zur Straßenreinigung waren „regulariter" die Bewohner des Hauses verpflichtet; allenfalls hatte der Hauseigentümer „eventualiter" dafür zu haften und das Geld sonder Verzug zu entrichten. Die zur Straßenreinigung Verpflichteten hatten nicht nur den Straßenschmutz zusammenzukehren, sondern auch bei dessen Aufladen dem Karrenknecht zu helfen. Bei häufig gefallenem Schnee waren die Drummen und die Rinnsteine von Eis frei zu halten; der lose Schnee sollte im Winter, „soviel möglich" aus den Gassen weggefahren werden. Zur „Vorjahrs-Zeit" bei letztem Tauwetter hatte jeder Eigentümer vor seinem Hause die Gasse aufzueisen. Diese Verhältnisse haben sich bis zum Ende des 19. Jahrhunderts konserviert, wenn sie auch einige Änderungen erfahren haben. Durch die Polizeiverordnung vom 20. Juni 1811 wurde die Reinigungspflicht den Hausbewohnern abgenommen, und es wurden die Eigentümer oder Verwalter verpflichtet, alle Mittwoch und Sonnabend den Bürgersteig, den Rinnstein und den Straßendamm vor dem Grundstücke bis zur Mitte der Straße sorgfältig reinigen und den Unrat zusammenfegen zu lassen. Nach der Polizeiverordnung vom 15. März 1814 hatten die Grundbesitzer und deren Stellvertreter bei eingetretenem

Tauwetter den vor ihren Grundstücken liegenden Eis- und Schneevorrat auf eigene Kosten fortzuschaffen; der Gassenkarren durfte für diesen Zweck nicht benutzt werden. Bei entstehender Glätte hatte der Hauseigentümer oder deren Stellvertreter, oder, wenn diese nicht im Hause wohnten, die Inhaber der unteren Stockwerke den Bürgersteig oder den Teil der Straßen zu bestreuen, welchen die Fußgänger betraten. Schließlich hatte sich folgender Rechtszustand herausgebildet: Die Hauseigentümer hatten längs ihrer Grundstücke den Bürgersteig, die Rinnsteine und den Fahrdamm bis zur Mitte der Straße, an öffentlichen Plätzen und Märkten bis zu einer Breite von 1,88 m vom Rinnsteine an gerechnet sorgfältig reinzukehren und den Unrat auf dem Straßendamm zusammenbringen zu lassen [1]. Die Bürgersteige waren täglich reinzuhalten, desgleichen während der Sommermonate die Rinnsteine, die übrigen Straßenteile in der Regel dreimal wöchentlich, in frequentierten Straßen täglich einmal. Das Aufladen und Abfahren des Kehrichts war Sache der Stadt. Es ist klar, daß eine derartige Straßenreinigung nicht den Anforderungen der modernen Zeit genügte. Da nur jeder vor seinem Hause kehren zu lassen hatte, so war trotz Festlegung der Stunde, bis zu welcher die Reinigung beendet sein mußte, eine einheitliche Reinigung nicht zu erzielen. Ferner konnte der Kehricht, da er von der Stadt abzufahren war, nicht sofort nach seiner Zusammenbringung in Haufen aus den Straßen entfernt werden. Durch die in unserer Stadt häufig vorkommenden starken, trockenen Winde wurde oft der Unrat verweht, wenn er nicht durch die die Straßen passierenden Fuhrwerke auseinander gefahren wurde. Infolgedessen wurde schon 1887 im Magistratskollegium die Übernahme der gesamten Straßenreinigung durch die Stadt ins Auge gefaßt. Der schlechte Zustand des Pflasters, die sich verzögernde Durchführung der Kanalisation ließen solches jedoch nicht als opportun erscheinen. Spätere Anträge an die Stadtverordnetenversammlung, eine städtische Straßenreinigung einzuführen, scheiterten zum Teil daran, daß der Magistratsvorschlag von den Kosten der Straßenreinigung nur zwei Drittel auf den städtischen Etat übernehmen, das andere Drittel aber durch Beiträge der Hauseigentümer decken wollte. Hierbei ließ sich der Magistrat von dem Gedanken leiten, daß durch die Übernahme der Straßenreinigungspflicht durch die Stadt den bisher Verpflichteten ein materieller Gewinn entstünde, weshalb auch diese zu den Kosten heranzuziehen wären. Da auch der Allgemeinheit der Bevölkerung

[1] Zahlreiche Hauseigentümer hatten die Straßenreinigung Arbeiterfamilien übertragen, von welchen viele dafür freie Wohnung erhielten.

große Vorteile aus einer ordnungsmäßigen Straßenreinigung erwachse, die nur durch die Stadtverwaltung organisiert und durchgeführt werden könne, so sei auch ein Teil dieser Kosten aus dem allgemeinen Stadtsäckel zu decken. Nach verschiedenen Mahnungen des Polizeipräsidenten und des Regierungspräsidenten, endlich einer Großstadt würdige Verhältnisse in Bezug auf die Reinlichkeit der Straßen zu schaffen, kam ein Ortsstatut im Februr 1899 zustande, auf Grund dessen die gesamte Straßenreinigung jedoch ausschließlich der Verpflichtung, die Bürgersteige und Rinnsteinbrücken mit abstumpfenden Material zu bestreuen, und dieselben bei Tauwetter und ungewöhnlichem Schneefall von Schnee und Eis zu säubern, von der Stadt übernommen wurde. Die Straßenreinigung seitens der Stadt wurde am 1. Juli 1899 zunächst zum Teil durchgeführt, da die volle Übernahme einer derartig weitgehenden Arbeit nicht sofort für den ganzen Umfang der Stadt erfolgen konnte. Zunächst wurde die Reinigung der Hauptstraßenzüge in Angriff genommen; erst allmählich wurde sie auf das ganze alte Stadtgebiet ausgedehnt. Der bei Ausführung der Straßenreinigung gewonnene Unrat wird Eigentum der Stadtgemeinde. Die Beitragspflicht der Grundeigentümer ist folgendermaßen geregelt: Der von den Grundstücken aufzubringende Betrag wird in Prozenten des nach der Grundbesitzsteuerverordnung vom 25. Juni 1895 zu ermittelnden Gebäudesteuernutzungswertes erhoben. Bei realsteuerfreien Grundstücken wird der Gebäudenutzungswert in der gleichen Weise wie bei den Kanalgebühren erhoben. Die Beiträge sind gleichmäßig nach vorstehenden Grundsätzen zu verteilen, sie dürfen jedoch bei keinem Grundstücke ein Drittel Prozent des Gebäudesteuernutzungswertes übersteigen. Für die an der Straße liegenden unbebauten oder nur in geringem Maße bebauten Grundstücke ist der Beitrag entweder nach der Länge der Straßenfront oder nach dem Gebäudesteuernutzungswerte zu berechnen. Stets kommt die einen höheren Betrag ergebende Berechnungsart zur Anwendung. Die Bestimmung wurde später (1904) dahin geändert, daß für unbebaute und solche unbebaute Grundstücke, deren nach dem Nutzungswerte berechneter Beitrag weniger als 55 Pf. für den laufenden Meter Straßenfront ergibt, 55 Pf. Beitrag für den laufenden Meter Straßenfront erhoben werden.

In den durch die Eingemeindung von 1905 der alten Stadt einverleibten Vororten bestanden verschiedene Ortsgebräuche hinsichtlich der Straßenreinigung. In den Eingemeindungsverträgen sind daher noch verschiedene Bestimmungen hinsichtlich der Übernahme der Straßenreinigung durch die Kommune aufgenommen worden. Diese erfolgt in einigen völlig unentgeltlich, während in andern die gleichen Ortsgebräuche wie im alten Stadt=

gebiete bestehen. Da, wie eingangs dieser Abhandlung erwähnt, ein großer Teil der eingemeindeten Orte vorwiegend ländlichen Charakter trägt, so ist von der Einführung der öffentlichen Straßenreinigung in allen Vororten noch Abstand genommen worden. Während das Bestreuen der Bürgersteige im Winter mit die Glätte abstumpfendem Material für das alte Stadtgebiet bisher Sache der Hauseigentümer war, ist in einigen früheren Vororten das Streuen und Enteisen Sache der städtischen Verwaltung.

Ende November 1909 beschlossen die städtischen Körperschaften, das Befreien der Bürgersteige von Schnee und Eis von der Stadt zu übernehmen. Die Kosten sollen zu Dreiviertel von den Hauseigentümern, zu Einviertel von der Stadt getragen werden.

Über das Personal, das Gerät und die Arbeitsleistungen gibt folgende Tabelle 1 Auskunft, über die Kosten und deren Aufbringung Tabelle 2.

Tabelle 1. Die Straßenreinigung in den Rechnungsjahren 1900 bis 1908.

Schilderungsgegenstand	1900	1901	1902	1903	1904	1905	1906	1907
I. Personal. (Ende des Jahres.)								
Oberaufseher . . .	1	1	2	2	2	2	2	2
Aufseher	3	3	4	4	4	5	6	6
Straßenreiniger . .	73	73	112	112	127	133	135	143
Ständ. Hilfsarbeiter	—	—	—	15	22	28	28	36
Abfuhrkutscher . . .	15	15	15	15	15	16	16	16
II. Arbeit bzw. Abfuhr usw.								
Reinigungsfläche qm	552 240	552 240	929 440	929 440	951 100	951 100	1 127 563	1 127 563
davon Bürgersteig qm	212 245	212 245	355 640	355 640	355 860	355 860	410 665	410 665
„ Fahrdamm qm	339 995	339 995	573 800	595 240	595 240	595 240	716 898	716 898
Bestreuungsfläche qm	18 000	18 000	18 000	18 000	18 000	37 050	44 580	44 580
Verbr.-Streum. cbm	—	246 500	404 500	390 500	378 500	540 500	920 500	1 231 500
Abgefahrener Schnee überhaupt cbm .	130 499	107 983	45 928	27 729	78 652	39 800	117 770	157 996
davon durch d. städt. Fuhramt cbm . .	60 357	71 775	42 700	27 729	58 648	39 148	72 290	77 622
davon durch gemiet. Fuhrwerke cbm .	70 142	36 208	3 228	—	20 004	652	45 480	80 374
Tagew. d. z. Schneebeseitig. vorüberg. angenom. Arbeiter	—	—	—	2 284	6 705	2 024	10 151	20 972
Kosten der Schneebeseitigung Mk. .	71 223	45 502	8 892	5 759	33 180	8 419	61 382	117 442

Tabelle 2. Ausgaben, Einnahmen und Zuschuß bei der Straßenreinigung während der Rechnungsjahre 1902—1908.

Ausgaben, Einnahmen und deren Gegenstand, Zuschuß der Stadt	1902 Mk.	1903 Mk.	1904 Mk.	1905 Mk.	1906 Mk.	1907 Mk.	1908 Mk.
Ausgaben überhaupt . .	**302 072**	**299 265**	**366 278**	**354 877**	**464 850**	**605 817**	**663 902**
dav. Gehälter und Löhne .	116 878	140 026	159 966	167 097	179 600	200 006	177 498
„ Abfuhr v. Straßendung	82 932	68 736	55 349	79 920	82 120	69 644	97 597
„ Besprengen	37 780	31 146	38 182	42 231	54 981	47 265	58 984
„ Lohn für Schnee- und Eisbeseitigung . .	5 329	4 525	33 190	6 163	30 104	117 443	245 457
„ Abfuhr von Schnee .	23 867	20 797	47 627	14 938	70 396	118 359	
Einnahmen überhaupt . .	**65 048**	**70 052**	**84 756**	**82 509**	**87 452**	**95 346**	**99 897**
dav. Beiträge d. Hauseigentümer	62 140	67 307	71 415	72 671	73 394	74 669	74 701
„ Beiträge d. Straßenbahn für Schienenreinigen[1]	2 908	2 745	13 151	9 249	13 452	19 944	24 906
Zuschuß der Stadt . . .	**237 024**	**229 214**	**281 522**	**272 368**	**377 398**	**510 471**	**564 005**

II. Die Müllabfuhr.

Die Einwohner der Stadt hatten seit mehreren Jahrhunderten das Recht, in die städtischen Karren, welche morgens die Fäkalien und den Straßenkehricht einsammelten, auch den sogenannten Hausmüll abzuwerfen. Eine derartige Berechtigung blieb unstreitig bis zur Durchführung der Kanalisation bestehen. Von ihr wurde jedoch seit vielen Jahrzehnten von den Bewohnern nur eines geringen Teiles der Wohnhäuser Gebrauch gemacht. Ob die Stadt ihrerseits die Verpflichtung hatte, soviel Karren zu unterhalten, daß das Müll aus allen Häusern entfernt werden konnte, ist sehr zweifelhaft; jedenfalls wurde bei der Übernahme der Hausmüllbeseitigung durch die Stadt weder bei den städtischen Körperschaften noch von anderer Seite die Behauptung aufgestellt, daß der Stadt gegenüber eine derartige Verpflichtung bestehe. Vielmehr ging der Magistrat in seiner Vorlage an die Stadtverordnetenversammlung von der Rechtsauffassung aus, daß die Wegschaffung des Mülls an sich eine Pflicht der Hauseigentümer sei. Ihnen liegt es — so wird weiter ausgeführt — naturgemäß ob, ihr Grundstück von dem sich ansammelnden Unrat zu befreien und zwar

[1] Einschließlich der von der Straßenbahn erstatteten Kosten der Schneebeseitigung vom Bahnkörper.

in einer Weise, welche für die Allgemeinheit hygienische Nachteile oder Gefahren nicht mit sich bringt. Als vor Einführung der Kanalisation die Stadt zum Zwecke der Fortschaffung der Kloake Wagen herumfahren ließ, war es den Hausbesitzern gestattet, auf diese Wagen auch das Müll aufzuschütten oder durch die städtischen Kutscher gegen eine Gebühr von 10 Pf. für den Eimer Kloake und den Eimer Hausmüll zusammen aufschütten zu lassen. Die neue Bauordnung (von 1907) erkennt die Hauseigentümer auch als die grundsätzlich Verpflichteten an, indem sie ihnen die Pflicht auferlegt, Müllkästen anzulegen; deren Entleerung ist aber Sache der Hauseigentümer. So ist es auch bisher bei allen Grundstücken, auf welchen große Müllkästen für das ganze Haus schon vorhanden waren, gehalten worden. Als die Kanalisation eingeführt war, hörte die Befugnis, neben der Kloake auch das Müll auf die Wagen zu schütten, naturgemäß auf, da keine Kloake mehr abgefahren wurde. Um jedoch die Hauseigentümer, welche nicht bisher schon durch private Unternehmer das Müll von ihren Grundstücken wegschaffen ließen, zu gleichen Aufwendungen zu nötigen, wurde in das Ortsstatut betreffend Übernahme der Straßenreinigung folgende Bestimmung aufgenommen: „Die Übernahme der Straßenreinigung durch die Stadt schließt die Beseitigung der auf nur in Grundstücken sich ansammelnden Wirtschaftsabfälle nicht in sich. Das Herausschaffen dieser Gegenstände zum Zwecke der Abwälzung der Abfuhr auf die Stadt ist nicht gestattet. Jedoch ist den Hauseigentümern und Mietern gestattet, Müll und trockene hauswirtschaftliche Abfälle in dem bisherigen Umfange auf die hierzu bestimmten Abfuhrwagen der Stadtgemeinde abzuladen". Diese Genehmigung ist nur ein Entgegenkommen der Stadt, ohne daß eine rechtliche Verpflichtung damit anerkannt ist. Einen Teil der Straßenreinigungspflicht hat die Pflicht, Müll zu beseitigen, sicher nie gebildet. Daß auch eine allgemeine Observanz, nach welcher die ganze Müllbeseitigung auf Kosten der Stadt erfolgen sollte, nicht bestanden hat, folgt daraus, daß im Stadtgebiete alten Umfanges von den mehr als 6000 Grundstücken nur 785 von dieser Genehmigung Gebrauch gemacht haben, während bei den anderen Grundstücken die Eigentümer die Abfuhr durch Privatunternehmer besorgen ließen.

Die Müllabfuhr erfolgte völlig planlos, da mehrere Unternehmer die Abfuhr des Hausmülls übernommen und es unterlassen hatten, nach Bildung einer Vereinigung jedem Unternehmer den Stadtteil zuzuweisen, in welchem er allein das Müll abzufahren hatte. Schon dieser planlosen Abfuhr entsprangen zahlreiche Mißstände. Dann aber erfolgte die Müllabfuhr bei Tage in offenen, oft ganz flachen Wagen, aus denen beim

Aufschütten das Müll herausstaubte, und aus denen bei den hier sehr häufigen starken Winden das aufgeladene Müll nicht selten den Straßenpassanten in das Gesicht geblasen wurde. Eine staubfreie Müllabfuhr einzurichten, dazu fehlte den Unternehmern das erforderliche Kapital. Da die Müllabfuhr kein sehr rentables Geschäft ist, und daher andere, auswärtige Unternehmer zur Durchführung der staubfreien Müllabfuhr schwerlich hätten gewonnen werden können, auch der hiesige Grundbesitzerverein dieses Risiko nicht auf sich nehmen wollte, so mußte die Stadtgemeinde die Müllabfuhr in eigene Regie nehmen.

Die Stadtverwaltung war sich darüber von vornherein klar, daß die fakultative Einführung der städtischen staubfreien Müllabfuhr unwirtschaftlich sein würde. In jeder Beziehung rationell kann eine solche nur durchgeführt werden, wenn sämtliche Hauseigentümer verpflichtet werden, sich der städtischen Einrichtung zu bedienen. Zum Tragen der Kosten waren nach Ansicht der städtischen Körperschaften, wie oben ausgeführt, die Hauseigentümer verpflichtet; jedoch sollte die Stadtgemeinde, da sie bisher, wenn auch ohne dazu verpflichtet zu sein, das Müll in geringem Umfange abgefahren hatte, einen festen Zuschuß entsprechend der früheren Ausgaben leisten. Es fragte sich nun, wie die Gebühren zu bemessen seien. Leistung und Gegenleistung würden sich am besten entsprechen, wenn der Beitrag nach der Zahl der zu entleerenden Kästen bemessen würde. Das erschien jedoch nicht empfehlenswert. Abgesehen davon, daß die genaue Feststellung über die von jedem Grundstücke abgefahrene Menge von Müll auf Schwierigkeiten stoßen würde, so würde ein Anlaß geboten sein, daß die Hauseigentümer sich möglichst wenig Müllkästen aufstellen ließen. Dann hätte aber noch leicht der Fall eintreten können, daß das Müll in die Kanalisation geworfen, und diese dadurch beschädigt würde. Daher wurde ein von der Menge des produzierten Mülls unabhängiger Gebührenmaßstab gewählt. Das Ortsstatut, durch welches die Müllbeseitigung von der Stadt übernommen wurde, kam im Dezember 1907 zustande.

Nach diesem Ortsstatute werden unter Müll verstanden: Asche, Ruß, Haus- und Hofkehricht, Haus- und Küchenabfälle, Speisereste, Abfälle von zubereiteten und unzubereiteten Nahrungsmitteln, welche sich im Wirtschaftsbetriebe ergeben. Nicht dazu gehören: Bau- und Gewerbeabfälle, Asche und Schlacken aus gewerblichen Betrieben, Erde und Gartenabfälle (letztere mit Ausnahme der Abfälle aus Vorgärten und kleinen Hausgärten), Pferde- und Viehdünger; die Beseitigung dieser Abfälle kann die Stadt auf Grund besonderer Verträge übernehmen. Jeder Hauseigentümer der in solchen Stadtteilen belegenen Häuser, in welchen die Stadtgemeinde die Müllbeseitigung übernommen hat, haben sich dieser Veranstaltung zu bedienen. Von den Kosten, zu denen die Kosten des Betriebes und der Unterhaltung der Geräte und Anlagen, die Verzinsung und Amortisierung des von der Kämmerei gestellten Anlagekapitals gehörten, trägt die Stadt 20000 Mk., im übrigen werden die Kosten durch Beiträge in Prozenten des staatlichen Nutzungswertes der Grundstücke gedeckt. Für Grundstücke, die nur zum Teile oder gar nicht zum staatlichen Nutzungswerte veranlagt sind, gelten besondere Bestimmungen.

Die Müllbeseitigung wurde vom 1. Juli 1908 ab von der Stadt übernommen, jedoch nur für die Stadtteile innerhalb der Umwallung. Für die außerhalb der Umwallung gelegenen Stadtteile liegt dazu ein dringendes Bedürfnis noch nicht vor, da sie meistens eine sehr weite Bebauung aufweisen, und große Flächen noch der landwirtschaftlichen Nutzung unterliegen. Gleichzeitig trat für die innere Stadt eine Polizeiverordnung in Kraft, nach der die Hauseigentümer verpflichtet wurden, sich ausschließlich der städtischen Veranstaltung zu bedienen, und die Einwohner verbunden wurden, das Müll in die von der Stadt gelieferten Kästen zu werfen. Die Durchführung der Müllbeseitigung erfolgte ohne Schwierigkeiten, nachdem bereits ein Jahr vorher zur Probe das Müll von typischen Grundstücken beseitigt worden war. Benützt wurde das System der staubfreien Müllabfuhr von Schäfer in Kassel. Nach diesem werden von der Stadtgemeinde die erforderliche Anzahl verzinkter, eiserner Kästen, die mit einem an einem Scharnier befestigten Deckel versehen sind, auf jedem Grundstücke aufgestellt. Zweimal in der Woche oder, wo viel Müll produziert wird, häufiger werden die Kästen in die verschlossenen Wagen entleert, desinfiziert und wieder aufgestellt. Die Wagen sind derartig eingerichtet, daß das Müll beim Hineinschütten nicht herausstauben kann. Die Müllkästen fassen 120 l, die Wagen 4 cbm. Die Wagen machen täglich 3 Fahrten; am Sonntage wird Müll nicht abgefahren. Es sind gegenwärtig 12000 Müllkästen und 32 Müllwagen sowie 56 Pferde beschafft; 25 Wagen sind im Sommer und 27 im Winter im Betrieb. In den Sommermonaten werden die Kästen mehrere Male ausgewechselt und auf dem Stadthofe gründlich gereinigt. Für die Müllabfuhr sind außer einem Stadthofsinspektor, ein Oberaufseher, zwei Aufseher, 50 Kutscher und 50 Mitfahrer ständig beschäftigt. An Löhnen sind für das Etatsjahr 1909 für Kutscher und Mitfahrer 60000 Mk. vorgesehen, an Gehalt für den Inspektor und die Aufseher 6450 Mk. Gegenwärtig sind auf 5837 Grundstücken 10371 Kästen aufgestellt. Die Gesamtkosten belaufen sich nach dem Etat für 1909 auf 186400 Mk.; die Beschaffungskosten von Wagen, Pferden, Kästen usw. auf rund 243500 Mk.

Die Anschaffungskosten sind dem allgemeinen Betriebsfonds der Stadthauptkasse entnommen; eine Deckung durch Anleihe erschien nicht angängig. Da Kästen, Wagen und Pferde einer starken Abnützung unterliegen, so ist eine höhere Abschreibung der Anschaffungskosten vorgesehen. Die Abschreibungsquoten sind mit den allgemeinen Kosten des Betriebes usw. zu erheben. In der kürzlich beschlossenen Anleihe von 43 Millionen Mk. sind für eine Müllverbrennungsanlage 699688 Mk. eingestellt worden. Die vorhandenen Abfuhrplätze werden nur noch für etwa 5 Jahre ausreichen. Während diese Plätze etwa 3 km von der Stadt entfernt liegen, müßten die später nötig werdenden anderen Plätze so entfernt angelegt werden, daß nur eine Fortschaffung mit der Bahn oder auf dem Wasserwege möglich wäre. Letzteres verbietet sich, weil mehrere Monate im Jahre, gerade während der Zeit der stärksten Müllproduktion, die Schiffahrt auf den Binnenwasserstraßen geschlossen ist, und auch aus anderen Gründen namentlich solchen gesundheitlicher Natur. Der Bahntransport ist wieder sehr teuer. Demnach ist eine Verbrennung des Mülls erforderlich. Diese soll derart geschehen, daß die Verbrennungsanlage des Mülls mit dem Elektrizitätsaußenwerke verbunden wird und diesem zur Erzeugung von Dampf dient. Von der Verbindung der Müllverbrennungsanlage mit der Gasanstalt wurde abgesehen, weil deren Dampfverbrauch nur 13500 Tons beträgt, während nach eingehenden Berechnungen die Müllverbrennungsanlage 25000 Tons Dampf erzeugen kann.

III. Die städtischen öffentlichen Badeanstalten.

Die Stadt unterhält seit längerer Zeit zwei Flußbadeanstalten, deren eine zuerst an der Köttelbrücke (seit 1898 an der Holzbrücke), die andere am Littauerbaum sich befindet. Eine dritte Anstalt an der Köttelbrücke wurde 1900 in Betrieb gesetzt. Diese Badeanstalten sind zu gewissen Tageszeiten für Frauen, zu anderen für Männer geöffnet, und werden von einer Badefrau und einem Badeaufseher beaufsichtigt; sie werden von der ärmeren Bevölkerung sehr stark benutzt; ihre Benutzung ist unentgeltlich.

Die erste geschlossene, Sommer und Winter benutzbare Badeanstalt in der Neuen Dammgasse, wurde am 1. Juli 1895 mit zehn Brausebädern und vier Wannenbädern eröffnet. Für ein Brausebad werden 10 Pf., für ein Wannenbad 25 Pf. erhoben. Eine zweite Badeanstalt wurde auf dem Sackheim am 22. Oktober 1900 in Betrieb gesetzt. Über die Frequentierung dieser Badeanstalten während der letzten zehn Kalenderjahre orientiert nachstehende Tabelle 3.

Tabelle 3. Die Anzahl der in den städtischen Volksbrausebädern verabfolgten Bäder 1899—1908.

Jahr	Anstalt a = in der Neuen Dammgasse b = auf dem Sackheim	Es betrug die Anzahl der an Männer verabreichten Bäder im Wannen-Bad	Männer Brause-Bad	Frauen Wannen-Bad	Frauen Brause-Bad	Kinder Wannen-Bad	Kinder Brause-Bad	Anzahl aller Wannenbäder	Anzahl aller Brausebäder
1899	a	4406	40 438	7129	7211	153	1772	11 688	49 421
	b	—	—	—	—	—	—	—	—
1900	a	4708	38 068	7068	6490	137	1414	11 913	45 972
	b[1]	392	2 527	658	594	79	449	1 129	3 570
1901	a[2]	3947	28 788	5460	5543	68	1054	9 475	35 385
	b	2217	18 845	4009	4261	230	1685	6 456	24 791
1902	a	4706	33 901	6282	5683	116	1275	11 104	40 859
	b	2679	22 342	5058	3799	359	2232	8 096	28 373
1903	a	5208	39 290	7984	6761	250	1106	13 442	47 157
	b	2644	26 182	5562	4426	289	1528	8 495	32 136
1904	a	6919	34 847	6340	7639	404	1158	13 663	43 644
	b	2882	23 900	6993	5693	408	1669	10 283	31 262
1905	a[2]	3116	26 153	5641	3981	174	1633	8 931	31 767
	b	2641	28 055	7364	4855	372	2156	10 377	35 066
1906	a	3978	35 378	8730	4579	226	1866	12 934	41 823
	b	3046	30 502	7979	4186	258	1900	11 283	36 588
1907	a	5023	33 208	7855	3932	180	1570	13 058	38 710
	b	2929	30 762	7538	4043	244	1807	10 711	36 612
1908	a	6114	30 327	6922	6222	295	1391	13 331	37 940
	b	2632	27 080	6811	4331	199	1618	9 642	33 029

Der Bau einer dritten Volksbadeanstalt steht bevor. Die Kosten der Badeanstalten werden durch die Einnahmen nicht gedeckt; neben dem alljährlichen Beitrage der Pohse-Schenckschen Stiftung von 750 Mk., leistete die Stadt aus den ihr überwiesenen Überschüssen der städtischen Sparkasse 1899 einen Zuschuß von 1192 Mk., 1900 von 7455 Mk., 1901 von 6686 Mk., 1902 von 6492 Mk., 1903 von 5304 Mk., 1904 von 4714 Mk., 1905 von 9620 Mk., 1906 von 9450 Mk., 1907 von 8650 Mk. und 1908 von 6620 Mk. Die Beträge für Verzinsung und Amortisation des Anlagekapitals sind in diesen Beträgen nicht enthalten.

[1] Die Badeanstalt auf dem Sackheim wurde am 22. Oktober 1900 eröffnet.

[2] Die Anstalt in der Neuen Dammgasse war wegen größerer Reparaturen vom 4. September bis 1. Oktober 1901 und vom 27. März bis 9. Juni 1905 geschlossen.

IV. Die städtische Desinfektionsanstalt.

Bereits 1886 wurde ein Desinfektionsapparat zum Gebrauche für die Einwohner Königsbergs aufgestellt; eine Erweiterung erfuhr die Anlage im Jahre 1892, als Gefahr vorlag, daß die in Rußland und Hamburg herrschende Cholera in Königsberg eingeschleppt werden könnte; was übrigens nicht erfolgte. Außer der Desinfektion von beweglichen Sachen in der Desinfektionsanstalt selbst, übernimmt die Stadt die Desinfektion von Wohnungen und anderen Räumen. Durch die Polizeiverordnung von 1893 besteht eine Verpflichtung, in allen Fällen, in welchen eine Desinfektion notwendig ist, oder vom Polizeipräsidium als notwendig erachtet wird, diese der städtischen Desinfektionsanstalt zu übertragen, bzw. durch die städtischen Desinfektoren ausführen zu lassen.

Nach dem städtischen Gebührentarif von 1896, der mit unwesentlicher Änderung noch gegenwärtig in Kraft steht, sind für die Desinfektion von Räumen für je 100 cbm 8 Mk. zu entrichten. Der Minimalsatz einer Desinfektion beträgt 4 Mk. Für die Desinfektion von Gegenständen mit strömendem Dampf im Desinfektionsapparat sind für den Kubikmeter Raum, den die Gegenstände im Apparat einnehmen 4 Mk., mindestens jedoch 50 Pf. zu zahlen. Die Gebühr beträgt für die Desinfektion mittels chemischer Dämpfe 1 Mk. für jede Stunde, welche die Arbeit erfordert, mindestens jedoch 50 Pf. Die für die Desinfektion verwendeten Chemikalien werden nicht in Rechnung gestellt. Für den Transport der Gegenstände nach der Anstalt sind bei Benutzung des Fuhrwerks 3 Mk., bei Benutzung des Handwagens 1 Mk. zu erlegen; der Rücktransport geschieht nur auf besonderen Antrag durch die Wagen der Anstalt. Von der Zahlung dieser Gebühren sind diejenigen Personen befreit, welche an Staatseinkommensteuer weniger als 31 Mk. jährlich zahlen; ganz oder teilweise können auch diejenigen Höherbesteuerten von der Zahlungsverpflichtung befreit werden, welche nachweisen, daß sie zur ganzen oder teilweisen Zahlung außerstande sind.

Über die Leistungen der Desinfektionsanstalt während der letzten zehn Kalenderjahre finden sich die erforderlichen Angaben in Tabelle 4. Durch die Einnahmen der Desinfektionsanstalt sind die Ausgaben nicht gedeckt worden. Es betrugen nämlich:

im Rechnungsjahre	die Einnahmen Mk.	die Ausgaben Mk.	der Zuschuß Mk.
1899	2094	6454	4360
1900	3789	7829	4040

im Rechnungsjahre	die Einnahmen Mk.	die Ausgaben Mk.	der Zuschuß Mk.
1901	2102	5665	3563
1902	3524	12 234	8710
1903	2991	11 796	8805
1904	3881	10 968	7066
1905	3404	12 783	9379
1906	3425	11 266	7841
1907	3752	12 559	8807
1908	3000	15 700	12 700

Gegenwärtig sind sechs Desinfektoren angestellt; ferner sind sechs Straßenreiniger als Hilfsdesinfektoren ausgebildet. Außerdem ist der Armenhausinspektor und der Armenhausaufseher — die Desinfektionsanstalt befindet sich auf dem Grundstücke des Armenhauses — nebenamtlich bei der Anstalt beschäftigt und ein Maschinengehilfe hauptamtlich.

Tabelle 4. Die Desinfektionen in der städtischen Desinfektionsanstalt 1899—1908.

Kalenderjahr. a = desinfizierte Wohnungen b = in der Anstalt desinfizierte Mobilien		Die Desinfektion erfolgte wegen												Desinfektionen überhaupt
		Masern, Röteln	Scharlach	Diphtherie und Krupp	Keuchhusten	Influenza	Typhus	Flecktyphus	Ruhr	Kindbettfieber	Genickstarre	Pocken	andere und nicht angegebene Krankheiten	
1899	a	2	273	41	—	—	32	—	1	—	1	4	14	**368**
	b	1	8	3	—	—	5	—	—	5	—	1	210	**233**
1900	a	28	587	65	—	—	14	—	12	2	—	11	46	**765**
	b	—	9	1	—	—	21	—	11	4	—	10	198	**254**
1901	a	4	164	86	3	—	54	1	23	5	5	5	134	**484**
	b	1	—	2	—	—	57	3	22	5	—	3	183	**276**
1902	a	75	230	1062	1	3	25	1	3	—	4	6	179	**1589**
	b	4	4	12	1	—	32	1	3	4	—	3	160	**224**
1903	a	19	60	1164	3	3	63	1	—	4	2	1	215	**1535**
	b	1	2	11	1	1	56	1	—	11	—	—	243	**327**
1904	a	22	53	972	—	2	36	2	—	—	5	—	231	**1323**
	b	2	2	5	—	1	34	1	1	22	4	—	325	**397**
1905	a	119	165	463	—	—	47	—	1	1	5	5	332	**2209**
	b	1	3	4	—	—	39	—	—	19	4	4	336	**410**
1906	a	32	275	314	1	2	45	—	18	10	1	4	352	**1054**
	b	—	4	1	—	2	41	—	3	24	—	4	389	**468**
1907	a	40	633	279	2	2	52	—	1	12	4	1	410	**1436**
	b	5	5	3	—	—	44	—	1	39	1	1	635	**734**
1908	a	23	432	271	3	1	59	2	3	16	4	1	370	**1185**
	b	1	8	2	—	—	53	1	2	37	—	1	640	**745**

V. Die Kanalisation.

Die Entwässerungsanlagen beschränkten sich bis in die siebziger Jahre des vorigen Jahrhunderts hinein auf die Abführung des Wirtschafts- und des Regenwassers nach offenen Rinnsteinen, nach den nächstgelegenen Drummen und aus diesen nach dem Schloßteich und dem Pregel. Die Kloake wurde bis zur allgemeinen Aufstellung der Wasserklosetts, im Jahre 1903, in den ersten Morgenstunden durch städtische Fuhrwerke abgefahren, an die die Eimer von den Hausbewohnern zu schaffen war. In den sechziger Jahren suchte man die Drummen durch Tonrohrleitungen zu ersetzen. Die Mängel dieser, den sanitären Anforderungen einer größeren Stadt wenig entsprechenden Einrichtungen, wurden bei der zunehmenden Bebauung der Stadt immer fühlbarer, zumal der in den Fließen und Gräben, im Schloßteich und im Pregel angehäufte Unrat auch durch Baggerungen nicht zu beseitigen war. Die Stadt wandte sich daher an den Geheimen Oberbaurat Wiebe zur Erlangung eines Projektes über den Bau von Entwässerungsanlagen; ein solches wurde im Jahre 1879 vorgelegt. Nach diesem Projekte sollten die Abwässer der Oberstadt durch einen Abfangekanal und einen Vorflutkanal direkt nach den in der Caporner Heide (etwa 15 km von der Stadt) anzulegenden Rieselfeldern abgeführt werden; die Abwässer der Unterstadt sollten in einer Pumpstation gesammelt und nach dem Abfangekanal der Oberstadt gedrückt werden, um ebenfalls zu den Rieselfeldern zu fließen. Das Projekt wurde 1881 von der Aufsichtsbehörde genehmigt.

In den nächsten Jahren wurden mehrere Straßen mit Kanälen belegt, die vorläufig die Abwässer dem Pregel zuführten und später in die allgemeine Kanalisation eingefügt werden sollten. Die Ausführung einer planmäßigen Kanalisation unterblieb jedoch aus finanziellen Gründen. Erst 1888 wurde die erste Pumpstation in Betrieb genommen, die das Kanalwasser zunächst in den Pregel hob. Das generelle Projekt, das sich dem Wiebeschen im allgemeinen anschloß, aber je eine Pumpstation für die rechte und für die linke Unterstadt vorsah, und nach welchem die Abwässer mittels eines Dükers in das Frische Haff geleitet werden sollten, wurde 1891 von den städtischen Behörden angenommen. Die in der Genehmigung der Aufsichtsbehörde 1892 verlangte Nutzbarmachung der Abwässer, für die an den bis nach Neplecken zuführenden Kanal belegenen Ländereien, fand die Zustimmung der Stadt. Der Bau der Kanalisation erforderte bei der Enge der Straßen und dem meist sehr schlechten Baugrunde die Überwindung großer Schwierigkeiten, so daß das Werk erst am 4. Juli 1901, nachdem bereits mehrere Teilstrecken in Betrieb genommen waren, mit der Eröffnung des Vorflutkanals in seiner ganzen Ausdehnung als vollendet angesehen werden konnte.

Die Gesamtkosten der Kanalisation der inneren Stadt stellten sich auf 10,5 Millionen Mark. Die Eingemeindung von 1905 machte eine Erweiterung der Anlagen notwendig, die sich durch die Entfestigung der Stadt noch vergrößern werden. Für die Vergrößerungen der Leitungen, der Maschinen- und sonstigen Anlagen sind rund 7 Millionen Mark in die neue Anleihe eingestellt worden.

Während die Kosten der Hauptleitungen von der Stadt übernommen worden sind, haben die Hauseigentümer die Kosten der Anschlußleitungen, die von der Stadt in eigener Regie ausgeführt werden, zu tragen, soweit die einzelnen Leitungen eine Länge von nicht mehr als 5 m haben. Erfordert der Anschluß Leitungen von größerer Länge, so trägt die Stadtgemeinde die Mehrkosten. Die Eigentümer von Grundstücken, für welche Grund- und Gebäudesteuern an die Stadthauptkasse nicht gezahlt werden, haben die Anschlußkosten in jedem Falle allein zu übernehmen. Die Kosten werden nach einem Tarif erhoben, der vom Magistrat festgesetzt wird und mindestens alle zwei Jahre einer neuen Durchsicht zu unterziehen ist — es sollen nur die Selbstkosten gedeckt werden —, und können im Verwaltungszwangsverfahren beigetrieben werden.

Die Kosten des Betriebes, der Unterhaltung und Verwaltung, einschließlich der Verzinsung und Amortisation des Anlagekapitals, werden zur Hälfte aus den sonstigen Einnahmen der Stadt beglichen und sind zur anderen Hälfte durch die von den angeschlossenen Grundstücken zu erhebenden Gebühren zu decken. Die Kanalgebührenordnung von 1895 erhob: a) für gewerbliche Benutzung der Kanäle eine Ableitungsgebühr von 1 Pf. für jedes im Jahre abfließende Kubikmeter Fabrik- oder Kondensationswasser; b) eine Klosettgebühr von 15 Mk. für das Jahr für jeden Sitz der ausnahmsweise genehmigten Klosettanlagen; c) eine allgemeine Kanalgebühr; diese wird nach dem Nutzungswert der angeschlossenen Grundstücke berechnet und zwar für die gebäudesteuerpflichtigen halb so hoch, wie für die gebäudesteuerfreien. Die doppelte Gebühr wurde von denjenigen Grundstücken erhoben, bei denen der Anschluß des Klosetts schon in der ganzen Straße gestattet ist.

Diese Kanalgebührenordnung wurde durch die neue von 1905 ersetzt, welche die Klosettgebühr aufhob, da sämtliche Straßen bis auf wenige an das Kanalnetz vollständig angeschlossen worden waren. Die wichtigste Änderung der neuen Gebührenordnung besteht darin, daß nicht der Nutzungswert, sondern im allgemeinen der gemeine Wert — in demselben Jahre war die Grundsteuer nach dem gemeinen Werte eingeführt worden — zur Grundlage der Berechnung gewählt worden ist. Im übrigen lauten die betreffenden Bestimmungen folgendermaßen: Die Kanalgebühr wird nach dem Maßstabe des Wertes der angeschlossenen Grundstücke erhoben. Soweit diese Grundstücke der Gemeindegrundsteuer unterliegen, ist der für die Gemeindegrundsteuer festgestellte Wert auch für die Erhebung der Kanalgebühr maßgebend. Soweit die Grundstücke von der Gemeindegrundsteuer befreit sind, gilt als ihr Wert der Betrag derjenigen Aufwendungen, welche erforderlich sein würden, um das angeschlossene Grundstück und die derart befindlichen Anlagen anzukaufen oder herzustellen. Ein wirtschaftlich selbständiger Grundstücksteil gilt als besonderes Grundstück. Kirchen, Kapellen und andere dem öffentlichen Gottesdienst gewidmete Gebäude, sowie die gottesdienstlichen Gebäude der mit Korporationsrechten versehenen Religionsgesellschaften werden nur von einem Drittel ihres Wertes zur Kanalgebühr herangezogen, wenn sich in diesen Gebäuden keine Wohnungen befinden. Von denjenigen Grundstücken, aus welchen gewerbliche Abwässer durch die städtischen Entwässerungsanlagen abgeleitet werden, wird außer der allgemeinen Kanalgebühr eine besondere Ableitungsgebühr für die Menge des ablaufenden Wassers erhoben. Diese Gebühr beträgt 1 Pf. für jedes Kubikmeter.

Da das Oberverwaltungsgericht in mehreren Prozessen anderer Städte, und auch in einem gegen die Stadt Königsberg es als unzulässig entschieden hatte, daß der Erhebung der Kanalgebühr der gemeine Wert zugrunde gelegt werde, weil dieser auf willkürlicher Festsetzung beruhe, sahen sich die städtischen Körperschaften 1909 zum Erlaß einer neuen Kanalgebührenordnung genötigt. Die entsprechenden Bestimmungen sind nun folgende:

Die Kanalgebühr wird in Prozenten des Nutzungswertes der angeschlossenen Grundstücke erhoben. Bei Gebäuden, welche zum staatlichen Gebäudesteuernutzungswerte veranlagt sind, ist dieser Nutzungswert maßgebend. Soweit Gebäude ganz oder teilweise nicht zum Gebäudesteuernutzungswert staatlich veranlagt sind, werden sie zu einem fingierten Nutzungswert veranlagt. Als solcher ist die Höhe der Aufwendungen zu ermitteln, welche notwendig wären, die betreffenden Grundstücke und Gebäude pacht- oder mietweise zu beschaffen. Für Grundstücke, welche nur atmosphärische Niederschläge ableiten, wurde die Erleichterung eingeführt, daß sie nur mit dem halben, nach vorstehenden Vorschriften ermittelten Nutzungswert, herangezogen werden, wobei Grundwasser dem

Regen gleich stehen soll. Die bestehenbleibende Vergünstigung der dem Gottesdienste gewidmeten Gebäude wird auch den nicht zum Erwerbe dienenden Museen eingeräumt, die zur Aufbewahrung von Sammlungen bestimmt sind.

Über die Leistungen der Anlagen der Kanalisationswerke geben die Tabellen 5—8 erschöpfende Auskunft. Die Ausgaben und ihre Aufbringung wird in Tabelle 9 dargestellt.

Tabelle 5. Die Länge des Kanalnetzes und die Größe des Entwässerungsgebietes am Ende der Rechnungsjahre 1901 bis 1908.

Rechnungsjahr	Länge des Kanalnetzes überhaupt [1]	Davon entfallen auf . . . . . Kanäle				Bevölkerung der angeschlossenen Stadtgebiete	Fläche der Rieselfelder	
		Tonrohr	Cement	gemauerte	Eisenrohr		überhaupt	davon aptiert
	m	m	m	m	m	Personen	ha	ha
1901	134 259	84 923	4 617	18 372	2823	.	496,21	300,51
1902	136 739	87 050	4 970	18 372	2823	.	1081,71	886,01
1903	139 826	90 137	4 970	18 372	2823	184 260	1081,71	886,01
1904	146 608	96 288	5 263	18 372	3161	186 750	1382,82	1030,08
1905	174 637	121 832	6 621	18 372	4288	197 500	1461,60	1293,26
1906	189 948	135 622	8 123	18 372	4307	201 000	1461,60	1293,26
1907	206 740	144 444	15 876	18 372	4524	211 000	1461,60	1293,26
1908	228 559	158 615	23 060	18 676	4740	218 000	2287,17	1334,38

Tabelle 6. Anzahl der Anschlüsse an das Kanalisationsnetz und der angeschlossenen Grundstücke am Ende der Rechnungsjahre 1903—1908.

Rechnungsjahr [2]	Anschlüsse überhaupt	Haus-	Hof-	Regenrohr-	Gully-	Gleisentwässerungs-	Hydranten-	Angeschlossene Grundstücke
		Anschlüsse						
1903	13 780	5767	764	8337	1404	143	86	5362
1904	14 028	5843	766	8421	1477	162	86	5543
1905	14 682	6116	802	8452	1592	182	95	5825
1906	14 936	6272	822	8605	1703	191	108	5947
1907	15 498	6466	848	8721	1806	204	144	6140
1908	15 999	6641	923	8752	1993	204	188	6315

[1] In der Gesamtlänge ist der Vorflutgraben von 23 524 m Länge enthalten.

[2] *Für 1901 und 1902 lassen sich die Angaben nicht machen.*

Tabelle 7. Die Gesamtfläche und die zur Bewässerung eingerichtete Fläche der Samländischen Rieselfeldergenossenschaft und ihrer Unterverbände am Ende der Rechnungsjahre 1901—1908.

Rechnungsjahr a = Gesamtfläche b = zur Berieselung eingerichtete Fläche		Unterverbände								Samländ. Rieselfeldergenossenschaft überhaupt
		Groß-Holstein	Metgethen	Margen	Caporn	Bierbrüderkrug	Moditten	Hengstbruch Wiesenb.-Verb. b. Fischhausen	Ent- u. Bewässerungsgenossensch. Gr.-Heydekrug	
		ha	ha	ha	ha	ha	ha	ha	ha	ha
1901	a	154,47	103,56	221,95	—	—	16,23	—	—	496,21
	b	86,00	101,13	98,30	—	—	15,08	—	—	300,51
1902	a	154,47	103,56	221,95	—	14,15	16,23	540,0	—	1081,71
	b	86,00	101,13	98,30	—	14,15	15,08	540,0	—	886,01
1903	a	154,47	103,56	221,95	31,35	14,15	16,23	540,0	—	1081,71
	b	86,00	101,13	98,30	31,35	14,15	15,08	540,0	—	886,01
1904	a	154,47	123,57	221,95	31,35	14,15	35,82	540,0	340,00	1382,82
	b	86,00	116,75	98,30	31,35	14,15	33,53	540,0	110,00	1030,08
1905	a	154,47	123,57	221,95	31,35	14,15	35,82	540,0	340,29	1461,60
	b	86,00	116,75	130,04	31,35	14,15	34,68	540,0	340,29	1293,26
1906	a	154,47	123,57	221,95	31,35	14,15	35,82	540,0	340,29	1461,60
	b	86,00	116,75	130,04	31,35	14,15	34,68	540,0	340,29	1293,26
1907	a	154,47	123,57	221,95	31,35	14,15	35,82	540,0	340,29	1461,60
	b	86,00	116,75	130,04	31,35	14,15	34,68	540,0	340,29	1293,26
1908	a	154,47	123,57	221,95	31,35	14,15	35,82	540,0	340,29	1461,60
	b	86,00	116,75	130,04	31,35	14,15	34,68	540,0	340,29	1293,26

Tabelle 8. Die Leistungen der Pumpstationen in den Rechnungsjahren 1901—1908.

Rechnungsjahr	Einwohnerzahl des Entwässerungsgebietes	Zahl der Betriebsstunden	Geförderte Wassermengen			Durchschnittlicher Zufluß		Geleistete Metertonnen in gehobenem Wasser	Geleistete Pferdestärkestunden
			nach dem Vorflutkanal	nach dem Pregel	Zusammen	auf die Sekunde	auf den Tag und Kopf der Bevölkerung		
			cbm	cbm	cbm	l			
1901	109 880	8122	3 568 207	145 600	3 713 807	127,6	92,6	54 083 291	325 539
1902	112 500	9348	3 561 845	7 920	3 569 765	113,0	86,9	53 369 128	328 759
1903	115 260	9064	3 323 076	490 482	3 813 558	120,7	90,6	52 050 401	302 952
1904	118 700	9391	3 824 444	48 253	3 872 697	122,8	89,4	57 694 254	332 532
1905	120 900	9782	4 552 455	135 299	4 667 754	148,7	105,7	68 485 013	390 708
1906	121 600	7597	4 350 421	98 105	4 448 526	141,5	100,2	65 471 479	388 829
1907	128 400	8121	4 567 042	265 692	4 832 734	152,8	103,1	69 544 290	392 519
1908	131 700	7267	4 579 420	168 509	4 747 929	150,4	98,3	70 106 381	385 828

Tabelle 9. Istausgabe für den Betrieb usw. der Kanalisation und Isteinnahmen an Ableitungs-, Klosett- und Kanalgebühren 1898—1908.

Rechnungsjahr	Gesamtkosten des Betriebes der Kanalisation	Von den Gesamtkosten entfallen auf				Erhobene Kanalgebühr in Hundertteilen des wirklichen Nutzungswertes	
		Ableitungsgebühren	Klosettgebühren	Kanalgebühren	den Zuschuß der Stadt	der gebäudesteuerpflichtigen Grundstücke	der gebäudesteuerfreien Grundstücke
	Mk.	Mk.	Mk.	Mk.	Mk.		
1898	377 989	2470	24 125	130 564	220 830	0,75	1,5
1899	466 128	3277	38 920	178 163	245 808	0,75	1,5
1900	526 998	4278	14 880	225 089	282 831	0,75	1,5
1901	614 696	4801	41 919	292 027	275 949	1,65	3,3
1902	671 574	5167	2 946	360 048	269 284	1,5	3,0
1903	738 413	6066	804	377 599	353 944	1,5	3,0
1904	761 369	8411	—	387 845	365 113	1,45	2,9
						in Tausendteilen des gemeinen Wertes	
1905	812 413	7273	—	405 753	399 387	0,82	
1906	858 187	7663	—	410 863	392 843	0,80	
1907	978 447	7462	—	439 330	407 883	0,82	
1908	1 038 579	7544	—	464 852	436 652	0,85	

VI. Das Wasserwerk.

1. Gründung und Entwicklung.

Die Wasserversorgung Königsbergs besitzt die Eigenart, daß zum Teil noch heute (allerdings erweiterte und vervollkommnete) Anlagen benützt werden, die bereits im 13. Jahrhundert von den Deutschordensrittern geschaffen worden sind. Diese legten bald nach Gründung Königsbergs (1255) durch zweimalige Kupierung des Tales der Löbe, die noch heute bestehenden Stauteiche, den Oberteich und den Schloßteich, an einerseits zum Betriebe von Mühlen, andererseits zum Zwecke der Wasserversorgung. Diesen Teichen wurde das Wasser des sogenannten Wirrgrabens derart zugeführt, daß er an dem unteren Laufe durch einen künstlichen Kanal mit der Löbe verbunden wurde. Da das angeschlossene Wasserzuleitungsgebiet dem gesteigerten Bedarf der sich schnell vergrößernden Stadt nicht genügte, so wurde eine bei weitem größere Anlage hergestellt. Mit dem sogenannten Wargener Kirchenteich, der in der Luftlinie etwa 14 km von Königsberg entfernt liegt, wurden die weiter nördlich gelegenen Teiche, der

Wargener Mühlenteich, der Pilzenteich und andere verbunden. Der Wargener Kirchenteich wurde wieder an den Oberteich durch den künstlich angelegten Landgraben von 17 km Länge mit einem Gesamtgefälle von 2,10 m angeschlossen. Da drei Täler zu durchkreuzen und Rohrleitungen in der damaligen Zeit nicht möglich waren, so wurden die Täler durch Erddämme abgeschlossen, und so der Trankwitzer-, Philipps- und Fürstenteich künstlich angestaut. Der Staudamm des Wargener Kirchenteiches war ebenso wie die der zuletzt genannten drei Teiche mit sogenannten Freiarchen versehen, vermöge welcher erforderlichenfalls durch Hebung der Schützen das überflüssige Wasser durch sogen. Freigräben in den Pregel abgeführt werden konnte. Der Landgraben wird bereits 1388 in einer Urkunde erwähnt. Vom Oberteiche führten später drei hölzerne Rohrleitungen mit verschiedenen Abzweigungen in die obere Stadt und versorgten eine größere Anzahl von öffentlichen Brunnen mit Wasser. Nur die auf dem rechten Pregelufer belegenen Stadtteile konnten, abgesehen von der Laak, aus dem Oberteiche, mit Wasser versorgt werden. In der Laak waren sogenannte Sprindhäuser, etwa 4 m tiefe hölzerne Brunnen zur Sammlung des Grundwassers angelegt, von welchen zwei Rohrleitungen das Wasser zur Speisung öffentlicher Brunnen ableiteten. Die übrigen Stadtteile wurden mit Wasser aus Flachbrunnen und aus dem Pregel versorgt. Bei diesen Anlagen blieb es fast bis gegen Ende des 19. Jahrhunderts. Die große Trockenheit der Jahre 1857—1859 nötigte die Stadt eine Neuregelung der Wasserversorgung in Aussicht zu nehmen. Die verschiedensten Entwürfe wurden aufgestellt. Schließlich gab man dem Vorschlag des sächsischen Baurates Henoch den Vorzug und baute 1871/73 einen mehr als 5000 m langen unterirdischen gemauerten Aufschlußkanal, der sich am Damm- und Stobbenteich hinzog, das Grundwasser aus jenen Gebieten aufnahm und nach einer Sammelstube in Dammkrug leitete. Von hier aus wurde das Wasser in einer 8 km langen Rohrleitung nach dem bei Hardershof belegenen Verteilungsreservoir von 4650 cbm Fassungsraum geführt. Von dem Verteilungsreservoir leiteten zwei 575 mm weite Eisenrohrstränge das Wasser nach der Stadt und gaben es an die inzwischen verlegten Straßenrohrnetze weiter. Die Eröffnung dieser Wasserleitung erfolgte 1874. Um auch die oberen Stockwerke mit Wasser zu versorgen, was bisher nicht möglich war, wurde im Jahre 1878 neben dem Verteilungsbehälter ein Hebewerk erbaut, um das Wasser aus dem Niederbehälter mittels zweier Dampfmaschinen in einen 15 m über Terrain in einem Turm angeordneten, 513 cbm fassenden Hochbehälter zu pumpen. Diese Anlage wurde 1879 in Betrieb gesetzt.

Der mit sehr großen Kosten erbaute Aufschlußkanal erfüllte die Erwartungen nicht; das Wasser war schlecht, die Ergiebigkeit war schon von Anfang an ungenügend und ließ bald noch mehr nach. Der Bau des Kanals hatte außerdem zur Folge, daß die Stadt sämtliche Wassermühlen in Königsberg mit ihren Stauteichen und Leitungsgräben ankaufen mußte, weil der Aufschlußkanal den Mühlen den Wasserzufluß erheblich verminderte. In erster Linie galt es nun Wasser in genügender Menge und von guter Beschaffenheit zu erhalten. Zunächst wurde dieser Zweck durch Anschluß des Landgrabens an das Wasserhebewerk in den Jahren 1882/83 erreicht. Um aber dem immer mehr steigenden Wasserverbrauch Rechnung zu tragen, folgte man einer Anregung des verstorbenen Oberbürgermeisters Hoffmann und unternahm den Bau einer Talsperre bei Wiekau westlich der vorhandenen Landgraben-Teichgruppe. Die Neuanlage wurde in den Jahren 1887—1890 erbaut und im Herbst 1890 in Benutzung genommen. Durch Aufschüttung eines rund 10 m hohen Dammes quer über eine von Bächen durchzogene Talmulde wurde ein Staubecken geschaffen, das rund 1 860 000 cbm Wasser zu fassen vermag. Vom Stauteich führt ein Leitungsgraben nach dem Mühlfelder Teich, wodurch die Verbindung der Talsperre mit dem Landgraben hergestellt ist.

Die Aufschließung neuer Wasserzuflüsse erforderte die Erweiterung des Wasserhebewerkes. Zu den in den Jahren 1881/82 zwecks Reinigung des Wassers erbauten zwei Sandfiltern kamen im Jahre 1886 drei und 1894 zwei weitere Filter hinzu. In den Jahren 1906/07 wurden noch vier Vorfilter (sogenannte Grobfilter) zur Entlastung der eigentlichen Filter errichtet. Im Jahre 1904 wurde ein zweiter Hochbehälter von 500 cbm Inhalt über dem schon vorhandenen erbaut. Seitdem erfolgt die Versorgung der Stadt mit Wasser nach Zonen, die der Höhenlage der einzelnen Stadtteile entsprechen und das Wasser durch eine besondere Zuleitung aus den drei verschieden hochgelegenen Reinwasserbehältern erhalten. Die Wasserförderung vom Sammelbrunnen auf die Filter und vom Niederbehälter auf die Hochbehälter erfolgt durch fünf Dampfmaschinen.

Da durch die Eingemeindung 1905 ein größerer Wasserverbrauch bald zu erwarten ist, so ist eine zweite Talsperre bei Willgaiten, nordwestlich der Wiekauer Anlagen mit rund 1 300 000 cbm Fassungsraum in Angriff genommen worden und dürfte im nächsten Jahre betriebsfähig sein.

Über die Länge der Rohrleitungen, die Anzahl der Anschlüsse und die Leistungen des Wasserwerks während der letzten 10 Jahre finden sich in Tabelle 10 die erforderlichen Angaben.

Tabelle 10. Das Wasserwerk in den Rechnungsjahren 1899—1908[1].

Schilderungsgegenstand	1899	1900	1901	1902	1903	1904	1905	1906	1907	1908
Länge des Rohrnetzes m	98 745	102 465	104 494	110 598	113 760	119 954	131 694	142 815	149 744	159 138
Anzahl der Hausanschlüsse	5 529	5 584	5 708	5 801	5 988	6 107	6 258	6 419	6 609	6 768
Anzahl der Schieber	646	775	792	830	868	950	1 063	1 113	1 177	1 240
Anzahl der Oberflurhydranten	13	20	41	55	68	87	128	143	163	176
Anzahl der Unterflurhydranten	527	559	542	548	550	551	549	556	561	586
Gesamte Fördermenge vom Brunnen a. d. Filter cbm	**4 435 193**	**4 622 756**	**5 165 361**	**5 206 375**	**5 588 792**	**5 695 955**	**5 778 451**	**6 294 933**	**6 444 590**	**7 055 064**
davon: a) Wasser auf den Hochbehälter gepumpt cbm	2 550 000	2 821 450	3 402 000	2 991 960	3 102 500	3 254 165	3 581 328	4 143 016	3 807 966	4 415 970
b) ohne Hebung zur Stadt geflossen cbm	1 880 193	1 801 306	1 763 361	2 214 415	2 486 292	2 441 790	2 197 123	2 157 609	2 636 624	2 639 094
Von der gesamt. Fördermenge an Private abgegeben überh. cbm	3 878 793	4 056 000	4 569 500	4 578 244	4 913 782	4 674 550	4 771 280	4 928 328	4 934 590	4 998 101
v. H.	87,45	87,74	88,46	87,94	87,92	82,07	82,57	78,29	76,57	70,84
für öffentl. Anlagen und Veranstaltungen überh. cbm	158 300	167 500	195 400	227 500	270 000	468 200	325 000	313 781	320 000	350 000
v. H.	3,57	3,62	3,78	4,37	4,83	8,22	5,62	4,99	4,97	4,96
Selbstverbrauch im Werk überh. cbm	350 000	350 000	350 000	350 000	350 000	475 000	499 650	520 000	550 000	600 000
v. H.	7,89	7,57	6,78	6,72	6,26	8,34	8,65	8,26	8,53	8,51
Verlust überh. cbm	48 100	49 256	50 461	50 631	55 010	78 205	182 521	532 824	640 000	1 106 963
v. H.	1,09	1,07	0,98	0,97	0,99	1,37	3,16	8,46	9,93	15,69

[1] Während des Jahrzehntes blieb unverändert das Zuflußgebiet mit 12600 ha, die Größe der Filterflächen mit 10885 qm, die gesamte Heizfläche der Kessel mit 28,1 qm, die gesamte tägliche Leistung der Pumpen mit 14700 cbm (durchschnittlich täglich in den angeführten zehn Jahren).

2. Die Wasserabgabetarife.

Bei der Festsetzung der Wasserabgabebedingungen waren die städtischen Körperschaften von vornherein darüber einer Meinung, daß nur die Kosten aufzubringen seien; eine Absicht, aus dem Betriebe der Wasserwerksanlagen einen Zuschuß zur Bestreitung der Kosten der städtischen Verwaltung zu erhalten, bestand niemals. Die Verfolgung der verschiedenartigen Tarifpolitik der Stadtgemeinde Königsberg ist deshalb so bemerkenswert, weil hier die Frage, ob der Raumtarif oder der Wassermessertarif vorzuziehen sei, auf Grund der für die städtischen Finanzen unangenehmen Erfahrungen zu Gunsten des letzteren entschieden werden mußte.

Nach den Wasserabgabebedingungen von 1871 war, wie dies auch unverändert bis heute der Fall geblieben ist, der Hauseigentümer allein der Stadtgemeinde gegenüber der für die Wasserabgabe Zahlungspflichtige. Die in späteren Jahren an den Magistrat gestellten Anträge, die Mieter zur Zahlung der Wassergebühren heranzuziehen, sind stets abgelehnt worden. Es wurden nach den Bedingungen von 1871 für den gewöhnlichen Hausbedarf an Wasserzins für jeden bewohnbaren Raum eines Hauses von mindestens 100 Quadratfuß Grundfläche, gleichviel ob heizbar oder nicht, und außerdem für jede Küche jährlich 2,50 Mk. erhoben. Küchen, welche zu einer nur aus einem bewohnbaren Raum bestehenden Wohnung gehörten, wurden nicht besonders mit Wasserzins belegt. Jedem Grundstückseigentümer blieb es überlassen, auch für Wasser zu gewöhnlichem Hausbedarf sich auf eigene Kosten einen Wassermesser aufzustellen und den Wasserzins nach dessen Angaben zu entrichten. Wurde Wasser über den gewöhnlichen Hausbedarf hinaus, namentlich zu gewerblichen Zwecken verlangt, so war ein Wassermesser aufzustellen, und der Wasserzins stets nach dessen Anzeigen zu berechnen. Bei Anwendung des Wassermessers wurden 25 Pf. für 100 Kubikfuß erhoben.

Das Regulativ von 1874 brachte folgende Änderungen: Die Mindestfläche des bewohnbaren Raumes, für den Wasserzins zu erheben war, wurde auf 100 Quadratmeter heraufgesetzt. Ferner sollten jährlich für eine Badeeinrichtung 3 Mk. besonders, bei Stallungen und Remisen für jedes Pferd und jedes Haupt Rindvieh 6 Mk., zur Bewässerung von Gartenanlagen und Gewächshäusern für je 10 Quadratmeter Gartenland 20 Pf. und für 1 Quadratmeter Gewächshausfläche 25 Pf., für 1 cbm Wasser nach Angabe von Wassermessern 10 Pf. erhoben werden. Dem Abnehmer des Wassers war auf eigenen Antrag nur dann die Entnahme von Wasser nach Wassermessern gestattet, wenn täglich mindestens 6 cbm

Wasser verbraucht wurden. Wurde im Laufe des Jahres weniger Wasser verbraucht, so waren 120 Mk. zu entrichten. Wassermesser wurden von der Verwaltung zum Selbstkostenpreise geliefert. Im Nachtrage zum Tarif von 1877 wurden 10 Mk. jährlich für ein Klosett erhoben. Die Gebühr nach Wassermesserberechnung betrug mindestens 40 Mk. im Jahr, im übrigen bei einem täglichen Verbrauche von 1—2 cbm 15 Pf., von 3—4 cbm 12 Pf., von 5—6 cbm 10 Pf., von 7—8 cbm 9 Pf., von 9 cbm und darüber 8 Pf.

Das neue Regulativ von 1894 änderte die alten Bestimmungen über die Wasserabgabe nur dahin ab, daß bei Feststellung des Wasserverbrauchs nach Wassermessern der Preis für 1 cbm Wasser auf 18 Pf. heraufgesetzt wurde. Sofern bei dieser Berechnungsart für ein angeschlossenes Grundstück ein Zins von 40 Mk. im Jahre nicht erreicht wurde, war dieser Betrag zu erlegen. Ein Rabatt von 10 Prozent wurde bei einem jährlichen Wasserverbrauch von mehr als 2000—4000 cbm, ein solcher von 20 Prozent bei einem Verbrauch von mehr als 4000 cbm im Jahre gewährt.

Die Abgabe von Wasser nach dem gemischten Tarife d. h. nach Raumtarif und nach Wassermessertarif erzeugte, nach einer gutachtlichen Äußerung des Wasseramtsdirektors Kuck von 1898 große Ungleichheiten; es schaltete der Besitzer großer Wohnungen den Wassermesser freiwillig ein, weil er in diesem Falle besser fährt; während umgekehrt der Besitzer eines Hauses mit kleinen Wohnungen sich mit aller Energie gegen den Wassermesser sträubt, weil er sonst bedeutend mehr bezahlen muß als nach dem Raumtarife. So hatten Besitzer von sehr wertvollen Häusern durch Einschaltung von Wassermessern den Zins auf die Hälfte herabgedrückt, während andererseits der Wasserzins bei Häusern mit kleinen Wohnungen nach Einschaltung von Wassermessern stets größer wurde. Bei Abgabe nach Raumtarif fand eine sehr starke Wasservergeudung statt, die in keiner Weise zu kontrollieren war und nur in den seltensten Fällen zur Kenntnis der Verwaltung gelangte. Erst nach langen Verhandlungen der städtischen Körperschaften kam im Dezember 1900 ein Ortsstatut betreffend die Überlassung von Wasser aus der städtischen Druckwasserleitung zustande. Darnach wurde der Raumtarif vollständig beseitigt und der Gebrauch von Wassermessern vorgeschrieben, die unentgeltlich von der Verwaltung zu liefern waren. Die Wassergebühr, die für jedes angeschlossene Grundstück besonders und einheitlich berechnet wurde, zerfiel in zwei Teile und zwar in eine allgemeine Gebühr, die bestimmt wurde nach dem Nutzungswerte der angeschlossenen Grundstücke, und in eine Verbrauchsgebühr, die nach dem durch Ablesung vom Wassermesser festgestellten Wasserverbrauch für den Kubikmeter berechnet wurde. Der Prozentsatz des Nutzungswertes und die Verbrauchsgebühr (im ersten Jahr 1 Prozent bezw. 8 Pf.) wurden für jedes Rechnungsjahr durch Gemeindebeschluß festgesetzt. Ergab sich für Grundstücke mit Läden, Werkstätten usw., daß die nach vorstehenden Bestimmungen ermittelte jährliche Gesamtgebühr hinter einem Einheitssatze von 18 Pf. für den Kubikmeter des Verbrauchs mit dem festgesetzten Rabatt von 5 Prozent für mehr als 2000—4000 cbm Wasserverbrauch und von 10 Prozent von über 4000 cbm Wasserverbrauch zurückblieb, so kam statt der Gesamtgebühr dieser Einheitssatz zur Anwendung. Für Wohnungen und andere Mietsgelegenheiten, welche ununterbrochen mindestens ein Mietvierteljahr hindurch unvermietet geblieben waren und zugleich leer gestanden hatten, konnte eine Rückvergütung der allgemeinen Wassergebühr auf Antrag gewährt werden.

Diese nicht gerade einfachen Tarifbestimmungen wurden im noch geltenden Ortsstatut von 1905 durch folgende ersetzt:

„Die durch den Stadthaushalts-Etat festgestellten Ausgaben für die Verwaltung und Unterhaltung der städtischen Wasserwerke mit Einschluß der Ausgaben für die Verzinsung und Tilgung des aufgewendeten Kapitals sollen alljährlich durch Gebühren gedeckt werden, welche von den Eigentümern der angeschlossenen Grundstücke zu ersetzen sind (Wassergebühren)".

Die Gebühr wird nach dem Maßstabe des durch den Wassermesser angezeigten Verbrauchs erhoben. Ihr Betrag für den Kubikmeter wird alljährlich durch Gemeindebeschluß festgesetzt und öffentlich bekannt gemacht mit der Maßgabe, daß von der ermittelten Summe für jede Wohnung, welche aus nicht mehr als zwei Zimmern und Küche besteht, ein Betrag abgerechnet wird, der gleichfalls alljährlich durch Gemeindebeschluß festzustellen und öffentlich bekannt zu machen ist. Räume unter 10 qm werden als nichtvorhanden angesehen.

Diese Rückvergütung von Wassergebühren an Hauseigentümer der bezeichneten kleinen Wohnungen verursachte eine außerordentliche Belastung der Verwaltung, die zu den geringen Beträgen in keinem Verhältnis stand; sie wurde daher durch Nachtrag zum genannten Ortsstatut von 1908 fortfallen gelassen; nach diesem Nachtrage werden die bei dem Jahresabschlusse sich ergebenden Überschüsse dem Erneuerungsfonds des Wasserwerks zugeschrieben.

3. Das finanzielle Ergebnis.

Die finanziellen Ergebnisse des Wasserwerks waren lange Jahre hindurch sehr ungünstig. Nicht selten konnten nicht einmal die Betriebsausgaben durch die Einnahmen gedeckt werden. Schuld daran war in erster Linie die im Wasserabgabetarif vorgesehene sogenannte Raumgebühr, die eine Verschwendung von Wasser geradezu herausforderte. Die Stadtverordneten-Versammlung war viele Jahre hindurch nicht zu bewegen, die Gebühren so zu erhöhen, daß eine Verzinsung und Amortisation der Anleihen hätte erfolgen können. Erst der in das Regulativ von 1894 aufgenommene sogenannte Wassermesserzwang bei Verbrauchern von Wasser zu gewerblichen Zwecken führte eine wesentliche Besserung herbei, so daß wenigstens die Amortisationsquoten und die Zinsen aus den Einnahmen gezahlt werden konnten, die bis dahin in der Hauptsache aus Steuern gedeckt werden mußten. Welche Wirkung die teilweise Einführung des Wassermesserzwanges auf die Einnahmen besaß, geht aus Tabelle 11 hervor. Während nach deren Angaben durchschnittlich jährlich die Einnahmen von 1886—1893 um 4,3 vom Hundert zunahmen, erhöhten sie sich von 1894—1900 um 7,1 vom Hundert im Jahresdurchschnitte. Daß das aus der Änderung des Tarifes resultierte, zeigt der Umstand, daß bis 1893 die Einnahmen aus der Wassergebühr nach Raumtarif die Einnahmen, welche sich bei Anwendung des Wassermessertarifes ergaben, bei weitem überstiegen; die nach Raumtarif berechneten Gebühren verringerten sich seit 1894 immer mehr, während die nach Wassermessertarif erhobenen sich steigerten, so daß die letzteren die ersteren im Jahre 1900 fast um das Vierfache übertrafen. Immerhin erfolgte auch bis 1901 noch nicht die volle Verzinsung der Anlagen; denn die Vorschüsse der Kämmerei bzw. die aus dem Kämmereivermögen bereitgestellten Mittel fanden noch keine Verzinsung. Im Jahre 1900 belief sich die Schuld des Wasserwerkes bei der Kämmerei auf insgesamt 2 400 597 Mk.; diese Summe war also seit Bestehen des Wasserwerkes aus den Einnahmen an Steuern zu decken gewesen. Von diesen Zuschüssen entfielen 229 917 Mk. auf die Schuld gegen das Kämmereiliegenschaftsvermögen, 254 502 Mk. auf die Bauschuld, 561 812 Mk. auf die Zinsendeckungsschuld und 1 354 366 Mk. auf die Amortisationsdeckungsschuld.

Wie sich die Finanzlage der Wasserwerke in den Rechnungsjahren 1901—1908 gestaltete, geht aus den Angaben der beiden folgenden Tabellen 12 und 13 hervor, zu denen zunächst zu bemerken ist, daß die für das letzte Vierteljahr von den Hauseigentümern zu zahlenden Wasser-

Tabelle 11. Einnahmen des Wasserwerks an Wassergebühren 1886—1900.

Rechnungsjahr	Einnahmen an Wassergebühren überhaupt	davon entfallen auf Einnahmen bei Erhebung der Wassergebühr			
		nach Raumtarif	nach Wassermesser	für Brauwasser und sonstiges	für Wasser zu öffentlichen Veranstaltungen
	Mk.	Mk.	Mk.	Mk.	Mk.
1886	208 672	177 089	28 853	2 730	—
1887	229 397	188 819	38 257	2 317	—
1888	243 460	198 850	42 866	1 744	—
1889	257 435	202 579	50 880	3 976	—
1890	262 958	204 412	55 902	2 644	—
1891	269 602	206 060	60 958	2 584	—
1892	275 138	205 042	67 206	2 890	—
1893	280 045	203 436	72 840	3 769	—
1894	364 637	199 350	117 995	2 292	45 000
1895	378 127	187 186	160 393	4 538	26 010
1896	403 539	143 466	220 675	9 219	30 179
1897	416 162	123 230	258 584	7 585	26 763
1898	424 479	108 513	276 646	13 262	26 058
1899	505 642	113 402	358 378	11 353	22 509
1900	547 026	110 326	402 432	9 937	24 331

gebühren beim Abschluß für das betreffende Etatsjahr nicht mehr zu Anrechnung kommen können, weil der Abschluß früher erfolgt, als die Wassergebühren erhoben werden können.

Nach Tabelle 12, welche die Aktiva und Passiva mitteilt, hat sich der Vermögensstand der Wasserwerke fast von Jahr zu Jahr gebessert. Der Verlust ist seit 1903 geschwunden. Die 1906—1908 unter den Passiven erscheinende Schuld an den Betriebsfonds ist ebenso wie der 1907 und 1908 erscheinende Vorschuß aus dem Kämmereivermögen für Erweiterungen der Anlagen erforderlich geworden; diese Aufwendungen sollen zum größten Teil aus den Mitteln der neuen Anleihe bestritten werden, zum anderen Teil werden sie auf die nächsten Jahre verteilt, und sollen in diesen aus der Wassergebühr beglichen werden.

Die Einnahmen sind gemäß den Angaben von Tabelle 12 bei den Wassergebühren von 1901 auf 1902 zwar zurückgegangen, seit diesem Jahre aber fast ständig gestiegen.

Bei den Ausgaben waren die Kosten der Ausführung von Hausanschlüssen, in denen auch die Kosten der Beschaffung und Aufstellung

Tabelle 12. Aktiva und Passiva der städtischen Wasserwerke Ende der Rechnungsjahre 1901—1908.

Aktiva, Passiva und deren Gegenstand	1901 Mk.	1902 Mk.	1903 Mk.	1904 Mk.	1905 Mk.	1906 Mk.	1907 Mk.	1908 Mk.
Aktiva überhaupt	**5 872 262**	**5 856 325**	**5 946 830**	**6 038 948**	**6 072 351**	**6 523 079**	**6 830 759**	**6 944 425**
davon auf:								
Grundstücke	781 976	781 976	795 697	795 697	816 784	1 134 797	857 195	913 466
Bauwerke, Maschinen	4 438 465	4 484 557	4 518 424	4 542 763	4 580 911	4 761 437	5 177 507	5 192 319
Inventar, Materialien	170 193	248 016	262 635	282 183	262 463	269 988	474 283	470 400
Rücklagen	29 283	104 790	176 731	220 420	243 466	191 806	107 217	72 937
ausstehende Forderungen	160 000	180 000	193 343	197 885	148 727	175 051	214 558	226 753
Kapitalvermögen	—	—	—	—	—	—	—	68 550
Verlust	292 345	56 985	—	—	—	—	—	—
Passiva überhaupt	**5 872 262**	**5 856 325**	**5 946 830**	**6 038 948**	**6 072 351**	**6 523 079**	**6 830 759**	**6 944 425**
davon auf:								
Anleihen	3 274 403	3 284 138	3 178 995	3 069 181	2 973 564	2 978 925	2 969 636	2 803 538
Schulden bei der Kämmerei u. zwar:	—	—	—	—	2 299 307[2]	2 287 807	1 422 614	1 422 614
beim Liegenschaftsvermögen	229 917	229 917	229 917	229 917	—	—	—	—
an Bauschulden	254 502	254 502	254 502	254 502	—	—	—	—
für Zinsendeckung	561 812	561 812	561 812	561 812	—	—	—	—
für Amortisationsdeckung	1 354 366	1 354 366	1 354 366	1 354 366	—	—	—	—
Vorschüsse	97 262[1]	71 590	47 295	2 274	—	—	265 707	295 547
Hypothekenschulden	100 000	100 000	100 000	100 000	90 000	110 000	100 000	90 000
Schuld an den Betriebsfonds	—	—	—	—	—	176 704	853 693	842 193
Darlehn bei der Invalidenversicherungsanstalt Ostpreußen	—	—	—	—	47 338	46 672	45 988	45 282
Bruttoüberschuß	—	—	219 943	466 896	662 142	922 970	1 170 432	1 445 251

[1] Auf neue Anleihe.
[2] Von Ende 1904 erscheinen diese Schulden in den Geschäftsabschlüssen in einer Summe.

Tabelle 13. Einnahmen und Ausgaben des Wasserwerks in den Rechnungsjahren 1901—1908.

Einnahmen und Ausgaben und deren Gegenstand	1901 Mk.	1902 Mk.	1903 Mk.	1904 Mk.	1905 Mk.	1906 Mk.	1907 Mk.	1908 Mk.
Einnahmen überhaupt	**487 321**	**627 046**	**713 875**	**774 760**	**847 292**	**897 518**	**922 718**	**912 611**
davon:								
Wassergebühren	401 238	395 073	413 617	483 444	568 442	581 677	613 460	614 876
für Ausführung von Hausanschlüssen	72 233	58 061	90 884	82 964	58 063	58 877	71 847	65 055
aus dem Reservefonds	—	—	—	—	—	71 862	30 000	—
Wassergebühren aus dem Vorjahre	—	158 264	177 495	191 581	195 937	168 166	174 925	214 266
Ausgaben überhaupt	**633 765**	**566 539**	**641 934**	**791 071**	**754 470**	**872 089**	**972 987**	**944 633**
davon:								
Verwaltungskosten	37 735	39 417	44 022	53 974	66 123	70 708	79 752	82 757
Unterhaltungskosten	121 785	104 698	119 309	121 106	130 921	149 584	209 849	202 357
für Hausanschlüsse	164 700	108 572	121 836	144 964	88 809	66 780	84 620	85 756
für Erweiterung des Rohrnetzes	30 994	3 654	32 367	19 871	27 866	59 019	43 229	48 211
Verzinsung der Anleihen	118 137	115 377	114 303	110 580	109 475	107 692	106 993	103 909
Tilgungsraten	152 637	159 173	166 690	174 874	184 415	193 978	205 989	216 408
für den Schuldendienst	—	—	—	80 500	92 000	28 823	91 573	91 171
neue Rücklagen	—	15 000	15 000	30 000	30 014	30 000	30 000	30 000

von Wassermessern steckten — die Wassermesser werden, wie oben ausgeführt, nach dem Wassergebührentarif von 1900 auf Kosten der Stadtgemeinde beschafft und aufgestellt —, bis 1904 recht bedeutend, und sind dann zurückgegangen; sie waren, wie aus einem Vergleiche dieser Zahlen mit den entsprechenden der Einnahme stets wesentlich höher als die Beträge, die für Hausanschlüsse von den Hauseigentümern an die Stadt zu zahlen waren. Seit 1904 haben die Einnahmen es gestattet, daß ein Teil der früheren, aus den sonstigen Einnahmen der Kämmerei gedeckten Verluste des Wasserwerks verzinst wird. Ein geringer Teil der früheren Vorschüsse der Kämmerei konnte zurückgezahlt werden. Wenn in den letzten zwei Jahren die Ausgaben die Einnahmen übersteigen, so ist zu beachten, daß trotzdem die etatsmäßige Erhöhung des Reservefonds um 30000 Mk. erfolgt ist. Die Mehrausgabe im Jahre 1907 und 1908 ist dadurch entstanden, daß in dieser Zeit für die erforderliche bedeutende Erweiterung der Anlagen mehr ausgegeben werden mußte, weil das Abnahmegebiet sich erheblich vergrößert hatte.

VII. Der Schlacht- und Viehhof.

1. Erbauung und Entwicklung.

Vor Eröffnung des Schlachthofes im August 1895 erfolgte im 19. Jahrhundert ein Teil der Schlachtungen auf dem altstädtischen Innungsschlachthof, der von fünf in früheren Jahrhunderten vorhandenen allein übrig geblieben war; die der Innung nicht angehörenden Fleischer schlachteten in ihren eigenen Schlachtstätten oder in Gastwirtschaften, welche innerhalb und außerhalb der Stadt belegen waren. Ein Zwang zur Benutzung des Innungsschlachthofes bestand jedoch auch bei den Innungsmeistern nicht. Trotzdem wurde der Schlachthof gern und viel benutzt, weil wegen der engen Bebauung der Stadt nur wenige Höfe und Viehstallungen für die Schlachtungen zur Verfügung standen. Da auch der Innungsschlachthof nur eine geringe Ausdehnung hatte und die Ausführung der Schlachtungen durch wenige Schlächter zuließ, so war es dahin gekommen, daß nur wenige Großschlächter fast allein lebendes Vieh zuführten und schlachteten, die Ladenfleischer aber fast ausschließlich das geschlachtete Fleisch zum Wiederverkauf ankauften. Übrigens wurde eine große Menge Fleisch von auswärts geschlachtetem Vieh eingeführt. Die stetige Zunahme der Bevölkerung auf dem engen Gebiete der Stadt alten Umfanges innerhalb der Festungswälle erforderte die Verlegung sämtlicher Schlachtungen außerhalb des Festungsringes. In dem vor dem Friedländertor gelegenen Vororte

Rosenau wurde von der Stadt ein größeres Grundstück erworben und eingemeindet. Auf diesem wurde der städtische Schlacht- und Viehhof erbaut und am 19. August 1895 eröffnet. Zu gleicher Zeit trat durch Polizeiverordnung der Schlachthofszwang für alle Schlachtungen im Gemeindebezirke und der Untersuchungszwang für alles Schlachtvieh im lebenden und geschlachteten Zustande, sowie für das von auswärts kommende frische Fleisch in Kraft. Vieh- und Schlachthof sind von einander getrennt. Vollständig isoliert von dem Schlachthofe liegt der Pferde- und Polizeischlachthof.

Mit dem Schlachthofe ist eine Freibank verbunden, welcher das auf dem Schlachthofe untersuchte und dabei als minderwertig, aber noch zur menschlichen Nahrung tauglich befundene Fleisch, das vom Verkauf im freien Verkehr ausgeschlossen ist, zum Zwecke seiner Verwertung überwiesen wird; Pferdefleisch ist von der Freibank ausgeschlossen. Fleisch, welches in rohem Zustande nicht verkauft werden soll, wird in dem auf dem Schlachthofe aufgestellten Dampfkochapparat gekocht. Der Verkauf des Fleisches auf der Freibank geschieht unter amtlicher Aufsicht für Rechnung der Eigentümer durch die dafür bestellten Beamten. An die einzelnen Käufer darf das Fleisch nur in Gewichtsmengen von höchstens 3 kg verkauft werden. Der Preis für das Fleisch wird vom Schlachthofsdirektor nach Anhörung des Eigentümers festgesetzt. Der Preis soll nicht mehr betragen als drei Viertel des ortsüblichen Preises für rohes Fleisch mittlerer Güte. Den Erlös erhalten die Eigentümer des Fleisches nach Abzug der durch Gemeindebeschluß generell festgesetzten Gebühren und Kosten (vgl. S. 38).

Während sich auf dem Schlachthofe von 1895—1908 die Anzahl der Schlachtungen unter Schwankungen steigerte, so entsprach der Verkehr auf dem Viehhofe (Tabelle 15) nicht den auf ihn gestellten Erwartungen. Die Landwirte, welche für die Versorgung unserer Stadt mit Schlachtvieh in Frage kommen, sind nämlich seit langer Zeit daran gewöhnt, entweder ihr Vieh im Stalle zu verkaufen, oder es den hiesigen Großschlächtern zum Ausschlachten und kommissionsweisen Verkauf zuzusenden, da sie so das Risiko, welches ihnen aus der Beschickung des Viehhofes erwächst, umgehen können. Die Großschlächter sehen in dem Viehhofe ein Konkurrenzinstitut und suchen daher die Verbindungen, die sie seit Jahrzehnten mit Landwirten und Aufkäufern in der Provinz haben, festzuhalten; mindestens haben sie kein Interesse, die Entwicklung des Viehhofes zu begünstigen. Die Viehhändler wieder, welche auf den Viehhöfen anderer Städte Schlachtvieh zum Verkauf stellen, halten sich hier zurück. Da fast alle Ladenschlächter das Fleisch nur von den Großschlächtern beziehen, und viele von

Tabelle 14. Schlachtungen auf dem Schlachthofe 1895—1908.

Rechnungsjahr	Anzahl der geschlachteten					
	Rinder	Kälber	Schafe	Ziegen	Schweine	Pferde
1895	7 121	8 727	13 399		35 161	529
1896	12 351	17 324	25 075		61 474	865
1897	13 332	17 391	22 630		52 809	926
1898	13 417	18 146	21 781		52 243	1279
1899	13 832	16 887	20 021	140	60 761	1232
1900	16 334	18 900	23 737	160	68 367	1235
1901	16 644	18 527	23 747	96	59 767	1342
1902	14 406	16 910	19 770	131	56 945	1780
1903	13 440	16 418	18 188	192	74 656	1531
1904	15 424	16 720	21 148	209	77 038	1463
1905	16 447	16 382	18 600	277	61 149	1825
1906	15 104	17 045	17 749	348	71 981	1707
1907	16 190	20 819	20 190	360	85 858	1663
1908	17 851	19 365	21 354	297	77 944	2004

Tabelle 15. Der Verkehr auf dem Viehhofe 1895—1908.

Rechnungsjahr	Anzahl der auf dem Viehhof aufgetriebenen				
	Rinder	Kälber	Schafe (Ziegen)	Magerschweine und Ferkel	Schlachtschweine
1895	411	45	945	10 582	1626
1896	1307	139	1438	17 716	4068
1897	3314	348	2244	17 353	5716
1898	3453	380	1815	21 959	4215
1899	2472	371	1314	25 412	
1900	2350	285	503	19 908	
1901	749	203	621	18 181	
1902	777	168	305	23 254	
1903	814	180	164	25 858	
1904	670	133	228	22 277	
1905	1215	200	399	20 238	
1906	1525	163	175	21 389	
1907	2581	154	470	1 814	14 480
1908	2308	97	1388	18 173	

ihnen in eine gewisse wirtschaftliche Abhängigkeit von diesen geraten sind, so hat der Viehhändler keine Aussicht, das auf den Schlachthof gebrachte Vieh zu verkaufen, wenn die Ladenschlächter nicht in größerer Anzahl dazu übergehen, selbst lebendes Vieh zu kaufen und zu schlachten. Das ist bisher in nennenswertem Umfange nicht geschehen. Die Stadt machte in den ersten Jahren des Bestehens des Schlachthofes durch Anstellung eines Viehkommissionärs den Versuch, den Verkehr auf dem Viehhof zu heben, aber dieses künstliche Mittel vermochte nicht, die erforderliche Umwälzung althergebrachter Gebräuche hervorzurufen.

Über die Anzahl der in geschlachtetem Zustande nach Königsberg gebrachten Schlachttiere gibt Tabelle 16 Auskunft, nach deren Angaben der Fleischverbrauch unserer Stadt in nicht geringem Umfange aus der binnenländischen Fleischeinfuhr gedeckt wird.

Mit dem Schlacht- und Viehhofe sind noch andere Anstalten verbunden. Zunächst ist die Lympferzeugungsanstalt zu erwähnen; sie ist an den Staat für 2590 Mk. jährlich vermietet. Ebenfalls vermietet, aber an einen privaten Unternehmer, ist die Kaldaunenwäsche für 3500 Mk. Jahresmiete. In der Fleischvernichtungsanstalt (Kafillanstalt) wird das zur Nahrung untaugliche Fleisch vernichtet, und zwar wird nach Absonderung des Fettes sogenanntes Fleischmehl erzengt. Schließlich besteht noch eine Blutverwertungsanstalt. Über die Betriebsergebnisse dieser beiden Anstalten in den letzten fünf Jahren orientiert Tabelle 17.

Was nun die Gebühren für die Benutzung der Anlagen des Schlacht- und Viehhofs anbetrifft, so betragen:

die	für 1 Pferd Mk.	für 1 Rind Mk.	für 1 Ferse Mk.	für 1 Schwein Mk.	für 1 Kalb Mk.	für 1 Schaf oder Ziege Mk.
Schlachthofgebühren	5,00	5,00	3,00	2,75	1,20	0,60
Schaugebühren [1]	4,00	3,50	3,50	2,00	1,50	0,40
Stallgebühren	0,20	0,25	0,25	0,10	0,05	0,05
Wiegegebühren [1]	0,40	0,40	0,40	0,20	0,10	0,05
Marktgebühren [2]	—	0,60	0,60	0,25	0,20	0,10
Gebühr für Benutzung d. Kochapparates [3]	—	3,00	3,00	1,50	0,50	0,50
Gebühr für Benutzung d. Freibank	—	2,00	2,00	1,00	0,50	0,50
Gebühr für das Ausschlachten auf dem Polizeischlachthofe	2,00	2,00	2,00	1,00	0,50	0,50

[1] für auswärts geschlachtetes Vieh.

[2] des Viehhofes.

[3] der Freibank.

Tabelle 16. Das eingeführte und vom Schauamt untersuchte Vieh 1895—1908.

Rechnungsjahr	Es wurden geschlachtet eingeführt und untersucht				
	Rinder	Kälber	Schafe	Schweine	Pferde
1895	1422	5 439	6065	12 186	6
1896	2054	9 902	9079	15 664	1
1897	2104	9 058	8976	12 853	2
1898	2572	10 970	9861	13 841	1
1899	2465	9 408	9772	15 283	—
1900	1664	8 757	6594	12 083	—
1901	1657	9 022	5519	9 834	—
1902	1884	8 175	6335	12 473	2
1903	1297	6 149	5902	11 481	1
1904	1556	6 242	5538	9 675	—
1905	1745	5 772	5189	8 316	—
1906	1556	5 539	4785	10 461	1
1907	1719	6 279	4872	12 219	—
1908	2060	6 980	4237	9 962	—

Tabelle 17. Betriebsergebnisse der Fleischvernichtungs- und der Blutverwertungsanstalt 1901—1908.

Schilderungsgegenstand	1904	1905	1906	1907	1908
A. Fleischvernichtungsanstalt.					
Verarbeitete Kadaver kg	183 400	174 100	180 900	197 500	186 100
Erzeugtes Fett, überhaupt kg	17 958	17 246	16 751	15 405	13 549
Erzeugtes Fett, v. H. des Rohmaterials . .	9,7	9,9	9,3	7,8	7,3
Erzeugtes Fleischmehl, überhaupt kg	37 489	31 377	33 275	35 744	34 595
Erzeugtes Fleischmehl, v. H. des Rohmaterials .	20,4	18,0	18,4	18,1	18,6
Erlös für Fett, überhaupt Mk.	9 159	8 796	8 543	.	7 452
Erlös für Fett, auf 100 kg Mk..	51	51	51	.	55
Erlös für Fleischmehl, überhaupt Mk.	3 749	3 765	3 993	.	5 034
Erlös für Fleischmehl, auf 100 kg Mk.	10	12	12	.	14,55
B. Blutverwertungsanstalt.					
Verarbeitetes Blut kg	113 750	96 131	110 780	117 270	135 510
Gewonnenes Blutmehl, überhaupt kg	23 028	19 536	22 240	23 368	26 010
Gewonnenes Blutmehl, v. H. des Rohmaterials .	20,2	20,3	20,1	19,9	19,2
Erlös für Blutmehl, überhaupt Mk.	3 242	2 761	3 203	3 518	4 292
Erlös für Blutmehl, auf 100 kg	14,09	14,13	14,40	15,10	16,50

Tabelle 18. Die finanziellen Ergebnisse der Schlacht- und Viehhofsverwaltung 1895—1908.

Schilderungsgegenstand	1895 Mk.	1896 Mk.	1897 Mk.	1898 Mk.	1899 Mk.	1900 Mk.	1901 Mk.	1902 Mk.	1903 Mk.	1904 Mk.	1905 Mk.	1906 Mk.	1907 Mk.	1908 Mk.
A. Schlachthof.														
I. Einnahmen überh.	**210 112**	**392 643**	**427 162**	**378 889**	**409 501**	**434 279**	**408 753**	**384 170**	**425 109**	**450 266**	**404 376**	**433 023**	**492 281**	**482 531**
davon Schlachtgebühren	145 683	269 457	248 561	249 587	272 950	310 893	288 813	268 810	309 490	326 672	287 016	311 004	359 044	345 327
Schaugebühren	37 024	50 050	43 873	49 404	50 596	39 503	34 811	34 742	31 822	32 130	30 185	32 821	37 585	34 523
Stallgebühren							963	1 269	1 138	1 044	1 895	148	200	291
Wiegegebühren	} 5 991	1 627	1 607	1 424	1 748	1 307	205	154	181	184	107	2 275	2 586	2 554
Sonstige Gebühren							280	172	27	9	15	10	16	5
II. Ausgaben überh.	**198 325**	**330 043**	**344 248**	**334 342**	**361 903**	**359 971**	**355 286**	**353 353**	**373 052**	**450 266**	**404 376**	**395 296**	**420 490**	**467 737**
Gehälter und Löhne	57 194	89 706	92 275	95 161	103 007	108 582	105 032	109 970	116 014	122 491	122 328	135 615	154 037	153 730
Betriebskosten	20 157	39 262	57 810	50 256	53 557	58 185	57 005	53 133	58 099	74 855	75 306	68 191	69 704	92 149
Schuldendienst	109 125	138 404	141 150	138 673	161 046	152 505	152 514	155 462	162 290	164 847	160 483	159 282	160 871	160 328
B. Viehhof.														
I. Einnahmen überh.	**31 852**	**64 824**	**51 119**	**63 606**	**51 461**	**47 078**	**42 832**	**38 921**	**41 753**	**41 622**	**40 807**	**41 708**	**43 793**	**45 079**
dav. Gebühren	4 589	7 602	10 501	13 323	11 110	13 013	7 138	7 057	8 531	8 110	7 866	4 652	3 637	4 274
Zuschuß d. Schlachthofsverw.	24 154	52 337	32 569	40 350	34 750	28 718	30 542	25 202	26 344	27 020	26 004	22 519	22 983	25 091
II. Ausgaben überh.	**52 179**	**64 824**	**51 119**	**63 606**	**51 461**	**47 078**	**42 833**	**38 921**	**41 753**	**41 622**	**40 870**	**41 708**	**43 793**	**45 079**
Gehälter und Löhne	7 194	7 123	13 492	13 890	9 738	9 796	7 945	4 436	6 453	4 708	5 761	5 522	5 966	6 516
Anleihedienst	36 375	34 951	35 248	35 023	35 044	31 509	31 299	31 280	32 413	32 473	32 522	32 282	32 604	33 552
Reste aus dem Vorjahre	—	20 328	—	—	—	—	—	—	—	—	—	—	—	—
C. Reserve- und Erneuerungsfonds.														
I. Einnahmen überh.	—	—	—	—	—	—	—	—	**133 204**	**162 336**	**196 614**	**52 859**	**114 763**	**165 251**
davon Überschüsse aus der laufenden Verwaltung	—	—	—	—	—	—	—	—	52 057	53 875	11 014	37 728	71 792	14 793
eingezogene Kapitalien	—	—	—	—	—	—	—	—	59 980	45 090	107 486	—	30 000	83 000
II. Ausgaben überh.	—	—	—	—	—	—	—	—	**133 204**	**162 336**	**224 845**	**93 486**	**111 791**	**150 458**
dav. für Erweiterungsbauten	—	—	—	—	—	—	—	—	—	—	116 602	65 456	18 887	104 967
Zur Kapitalisierung	—	—	—	—	.	—	—	—	69 828	81 003	108 093	—	—	—
Überschüsse aus der laufenden Verwaltung	—	—	—	—	—	—	—	—	31 832	72 044	—	—	52 277	—
III. Bestand Ende des Jahres	—	**62 600**	**89 461**	**89 700**	**184 798**	**230 926**	**259 400**	**311 400**	**320 100**	**358 900**	**360 200**	**360 200**	**330 200**	**330 200**

Das finanzielle Ergebnis der Verwaltung des Schlacht- und Viehhofes und der damit verbundenen Nebenanlagen während der Rechnungsjahre 1895—1908 ist in Tabelle 18 dargestellt. Auch aus dieser Tabelle ersehen wir die sehr ungünstige Entwicklung des Viehhofes; sind doch nicht einmal dessen Betriebskosten aus den Einnahmen in irgend einem Berichtsjahre gedeckt worden. Dagegen brachte der Schlachthof mit seinen Nebenanlagen jedes Jahr erhebliche Überschüsse. Aus diesen wurden die ungedeckten Kosten des Viehhofes beglichen, und es konnten aus ihm nicht nur die planmäßigen Tilgungen und die Abschreibungen erfolgen, die Verwaltung war auch im Stande jährlich größere Summen zurückzulegen, mit welchen sämtliche Kosten der Erweiterungen und Neuanlagen gedeckt werden konnten. Zu bemerken ist übrigens, daß von der im Jahre 1908 für Erweiterungsbauten verbrauchten Summe von 104 967 Mk. nur 58 918 Mk. aus dem Kapital des Reserve- und Erneuerungsfonds gezahlt worden sind. Da durch den Verkauf der Effekten, in welchen dieser Fonds angelegt ist, wegen des damaligen außergewöhnlich niedrigen Kurses ein größerer Verlust an Kapital entstanden wäre, so wurde der Mehrbetrag von 46 049 Mk. von der Kämmerei im Kontokorrentverkehr hergegeben.

B. Betriebe der öffentlichen Wohlfahrtspflege.

I. Die städtische Sparkasse.

Da die Entwicklung der städtischen Sparkasse ein interessantes Bild von den Veränderungen in den wirtschaftlichen Verhältnissen unserer Stadt gewährt, so sollen, so weit es möglich ist, die einschlägigen Tatsachen etwas näher als unbedingt notwendig, mitgeteilt werden. Diese Tatsachen bestehen einerseits in den Veränderungen des Statuts, andererseits in den Geschäftsergebnissen der Sparkasse.

In einem Schreiben vom 19. September 1819 an den Magistrat regte der Regierungspräsident die Errichtung einer Sparkasse an, „die dadurch besonders nützlich würde, wenn mit ihr zugleich eine Leihanstalt zur Benutzung der dabei sich auffsummenden Fonds verbunden wäre, wodurch letztere bei gehöriger Vorsicht und Ökonomie sehr leicht die fruchtbarste Anwendung geben würde, und dadurch die Anstalten zugleich in Stand setzen könnten, denjenigen, welche ihre kleinen angesammelten Ersparnisse darin niederzulegen berechtigt wären, die möglichst beste Benutzung dieses ihres kleinen Kapitals zu gewähren.“ Der Magistrat folgte diesem Vorschlage und beantragte im Februar 1820 bei der Stadtverordnetenversammlung, eine Sparkasse nach der Art der in Berlin bestehenden einzuführen. Die Stadtverordneten verhielten sich ablehnend und begründeten diese Haltung hauptsächlich damit, daß die Anlegung der eingehenden Spargelder in Obligationen der Stadt Königsberg — dies geschah in Berlin hinsichtlich der Berliner Stadtobligationen — nicht als eine hinlängliche „Hypothek“ anerkannt werden könne, da das Schicksal der Stadtobligationen noch nicht entschieden, und die fortdauernde Zinsenzahlung nicht sichergestellt sei. Nach vielen langwierigen Verhandlungen kam endlich im Jahre 1828 unterm 24. Juni das erste Statut der Sparkasse zustande.

Nach dem Statut war die Sparkasse verpflichtet, Summen von *5 Silbergroschen (50 Pf.) und darüber anzunehmen;* die Höhe der Einlagen wurde nicht beschränkt. Die Verzinsung wurde auf $3^1/_3$ % im Jahre festgesetzt. Nur auf volle Taler wurde Zinsen gezahlt, deren Berechnung von dem der Einzahlung zunächst folgenden Monatsersten begann. Bei Rückzahlung des Kapitals wurde eine Verzinsung für den angefangenen Monat nicht gewährt. Die Zinsen wurden an jedem 1. Januar dem Kapital zugeschrieben. Die eingehenden Gelder sollten ausschließlich durch Beschaffung von Königsberger Stadtobligationen[1] zinsbar belegt werden. Die angeschafften Obligationen wurden sofort außer Kurs gesetzt und am nächsten Depositaltage in das Depositorium des Magistrats niedergelegt. Die Sparer konnten Summen unter 10 Taler (30 Mk.) sofort, solche von 10—100 Taler (30—300 Mk.) nach achttägiger, solche von 100—500 Taler (300—1500 Mk.) nach vierwöchentlicher und solche von mehr als 500 Taler (1500 Mk.) nach dreimonatlicher Kündigung zurückerhalten. Über die Rückzahlungen war vom Empfänger zu quittieren. Bei Geldeinzahlung ist niemand verpflichtet, seinen Namen zu nennen. Der Sparer jedoch, der sich vor Mißbrauch des Sparkassenbuches sichern will, kann seinen Namen und Stand eintragen lassen mit der Bestimmung, daß die Einlagen nur durch eine mit der Unterschrift des Sparers versehene beglaubigte Quittung abgehoben werden dürfen; bei vollständiger Abhebung des Sparkassenbuches werden bei Summen von 10—100 Taler 2 Sgr., bei höheren Summen $^{1}/_{12}$ % von dieser als Gebühr erhoben. Die Kosten der Unterhaltung der Sparkasse werden aus den Zinsenüberschüssen gedeckt; reichen diese nicht aus, so werden die Mehrkosten von der Stadt getragen. Ein Überschuß soll dem Reservefonds zugeführt werden, aus dem auch ein Ausfall zu decken ist. Der sich so bildende Fonds wird zum Tilgungsfonds der Königsberger Kriegsschuld dienen; die Zinsen des Reservefonds sind halbjährig zu kapitalisieren. Die Verwaltung war einem Vorsteheramt, bestehend aus drei Magistratsmitgliedern und vier Stadtverordneten, übertragen. Außerdem wurden 12 Mitglieder der Stadtverordnetenversammlung der Sparkasse beigeordnet, von denen einer einen Monat hindurch zur Kontrolle den Auszahlungen beiwohnen mußte.

Die Sparkasse wurde am 15. September 1828 eröffnet, und von dem Publikum sofort ziemlich erheblich benutzt. Die Sparkasse war in dem Kassenraume der Stadthauptkasse untergebracht, wurde nebenamtlich zunächst ohne Vergütung von Beamten der Stadthauptkasse verwaltet und war für Einzahlungen werktäglich, für Auszahlungen nur am Sonnabend während weniger Stunden geöffnet.

[1] Die wohl damals das einzige Anlagepapier war, das in Königsberg in genügender Menge vorhanden war; Staatsanleihen dürften bei der weiten Entfernung von Berlin — die Universitätssommerferien beginnen hier noch heute 8 Tage eher als in Berlin, weil die Reise dorthin früher so lange dauerte — bei stärkerer Nachfrage nur mit Verlusten haben beschafft werden können.

Die Sparkasse entsprach insofern zunächst nicht dem Zwecke ihrer Errichtung, als nur sehr wenige Personen der unteren Klassen Einlagen machten. Da die Höhe der Einlagen unbeschränkt war, und Depositenbanken damals in Königsberg nicht bestanden, so benutzten sie die Wohlhabenderen und Reichen als Art Depositenbank[1]. Es lag so die Gefahr vor, daß sich die Sparkasse zu einer städtischen Bank auswachsen würde. Da außerdem die Spareinlagen ausschließlich in städtischen Obligationen angelegt wurden, und diese einem sehr schwankenden Kurse ausgesetzt waren, die Sparkasse aber nicht berechtigt war, die zurückverlangten Einlagen in Stadtobligationen zu zahlen, so war zu befürchten, daß größere, eventuell aus der Stadthauptkasse zu deckende, Verluste einträten, so bald bedeutendere Rückzahlungen geleistet werden mußten. Aus diesen Gründen wurde das Statut der Sparkasse im Juni 1830 dahin abgeändert, daß jeder einzelne Teilnehmer monatlich nicht mehr als 10 Taler bei der Sparkasse einlegen und, daß nur bei der ersten Einlage diese auf 50 Taler gesteigert werden dürfe; schließlich wurde die Garantie der Stadt nur auf die so festgesetzten Einlagen beschränkt; falls jemand zur Umgehung dieser Bestimmungen auf mehrere Bücher Einlagen machen sollte, so konnte dem Einzahler die eingelegte Summe sofort und ohne Zinsenvergütung nach Entdeckung zurückgezahlt werden. Die Höhe des gesamten Guthabens wurde nicht beschränkt.

Über die Entwicklung der Sparkasse von 1828—1835 orientiert Tabelle 19. Nach dieser war die Summe der Einzahlungen 1830 außerordentlich hoch und sank 1831 sehr bedeutend. Die Auszahlungen erreichten 1830 die größte Höhe während dieser Jahre, und zwar wohl infolge der erwähnten Änderung des Statuts.

Die neue Bestimmung des Statuts hatte nicht in vollem Umfange den gewünschten Erfolg. Nach einer Aufstellung der Sparkasse im September 1838 betrug:

bei Sparkassenbüchern	mit einem Einlagebestande	die gesamte eingelegte Summe Taler
2707	bis zu 50 Taler	52 353
669	von 50 bis unter 100 Taler	49 790
247	„ 100 „ „ 150 „	28 278
77	„ 150 „ „ 200 „	13 138
61	„ 200 Talern und darüber	16 359
Zusammen 3761	**überhaupt**	**153 918 Taler.**

[1] Unter anderem wurden an einem Tage von einer Person 4000 Taler (12 000 Mk.) eingezahlt.

Tabelle 19. Einlagen, Rücklagen, Zinsen und Überschüsse bei der Sparkasse 1828—1835.

Kalenderjahr	Neue Einlagen im Jahre Taler	Rückzahlungen Taler	Gezahlte Zinsen Taler	Den Einlagen zugeschriebene Zinsen Taler	Überschüsse der Sparkasse Taler
1828[1]	16 534	3 232	9	49	46
1829	80 823	23 566	304	904	358
1830	67 134	60 525	865	2006	594
1831	19 905	31 632	356	1957	481
1832	21 609	21 466	296	1990	488
1833	23 547	22 079	224	2101	500
1834	26 333	21 040	236	2280	550
1835	40 037	26 168	247	2646	644

Da somit eine immerhin beträchtliche Anzahl von Sparern mit Guthaben von mehr als 50 Talern vorhanden war, von denen ein nicht geringer Teil — wie man annahm — zu den Wohlhabenderen gehörte, so befürchtete man auch damals noch, daß bei zahlreichen Kündigungen von Einlagen über höhere Summen die Sparkasse gezwungen sein würde, die Stadtobligationen mit Verlust zu verkaufen. Dadurch konnte nicht nur der Sparkasse, sondern auch der Stadt als Garantin leicht ein erheblicher Schaden entstehen. Demnach wurde Juni 1838 eine neue Bestimmung in das Statut eingefügt, nach welcher die Sparkasse berechtigt wurde, Summen im Betrage von 50 Talern und darüber, die ihr gekündigt werden, in barem Gelde oder in Königsberger Stadtobligationen nach dem „Nominalwerte" auszuzahlen, sowie die Inhaber eines Sparkassenbuches von 50 Talern und darüber zu verpflichten, entweder den ganzen Betrag des Sparkassenbuches abzuheben oder bei teilweiser Kündigung nur in solchen Summen zu kündigen, die in Königsberger Stadtobligationen bezahlt werden konnten. Eine Beschränkung in der Höhe der Einlagen wurde noch nicht statuiert.

Das unterm 12. Dezember 1838 als Gesetz erlassene „Reglement die Einrichtung des Sparkassenwesens betreffend", machte eine weitgehende Umarbeitung des Sparkassenstatuts erforderlich. Das neue Statut vom 20. September 1839 änderte das alte in folgenden Punkten ab:

Kein Sparer darf mehr als ein Sparkassenbuch haben, dessen Einlage 500 Taler nicht übersteigen darf. Die sich ansammelnden Bestände können in Hypotheken zur ersten Stelle, inländischen Staatspapieren, Pfandbriefen und Königsberger Stadt- und Brauobligationen angelegt werden;

[1] In der Zeit vom 15. September bis 31. Dezember.

Tabelle 20. Die Sparkasse in den Jahren 1839—1873.

Jahr	Neue Einlagen	Rückzahlungen	Überschuß der Einlagen über die Rückzahlungen	Zinsen der Einlagen	Einlagebestand Ende des Jahres	Reservefonds
	Taler	Taler	Taler	Taler	Taler	Taler
1839	72 706	43 954	+ 28 652	5 776	199 203	6 964
1840	48 932	114 595	— 65 663	3 343	136 292	11 047
1841	48 376	45 986	+ 2 390	3 214	141 613	13 051
1842	56 153	44 862	+ 11 291	3 452	156 118	15 014
1843	70 030	46 778	+ 23 252	4 108	183 172	16 721
1844	81 568	62 228	+ 19 340	4 708	206 795	20 646
1845	73 192	74 853	— 1 661	4 975	209 682	23 925
1846	84 174	72 863	+ 11 311	4 775	226 148	28 018
1847	87 661	86 512	+ 1 149	5 478	232 774	31 790
1848	39 550	81 715	— 42 165	5 093	195 702	34 125
1849	27 119	75 726	— 48 607	4 205	151 299	25 604
1850	39 757	59 127	— 19 370	3 362	135 291	25 146
1851	47 888	44 521	+ 3 367	3 326	141 986	27 701
1852	52 223	49 744	+ 2 479	3 377	147 843	30 542
1853	64 623	53 988	+ 10 635	3 708	162 185	36 227
1854	54 080	61 775	— 7 695	3 723	158 213	37 861
1855	71 375	59 680	+ 11 695	3 962	173 870	41 964
1856	72 769	67 754	+ 5 015	4 220	189 096	45 922
1857	82 484	67 440	+ 15 044	4 612	202 753	50 345
1858	84 587	59 589	+ 24 998	5 006	222 753	56 173
1859	47 784	118 396	— 70 602	4 634	156 776	47 281
1860	54 798	69 478	— 14 720	3 440	145 236	47 213
1861	61 520	53 902	+ 7 618	3 396	156 250	50 403
1862	70 537	56 469	+ 4 068	3 878	174 200	50 408
1863	70 118	67 622	+ 2 496	4 115	180 820	53 561
1864	112 550	69 713	+ 42 837	5 311	228 967	56 274
1865	194 686	128 865	+ 65 821	7 704	302 492	42 500[1]
1866	190 505	170 514	+ 19 991	8 441	330 923	42 500
1867	250 900	181 054	+ 68 846	11 106	411 875	42 500
1868	285 875	221 468	+ 77 359	12 952	489 234	47 812
1869	380 909	276 581	+ 103 318	16 025	609 588	47 500
1870	416 624	344 743	+ 61 881	18 858	700 327	51 301
1871	651 574	396 754	+ 254 820	24 395	979 942	98 265
1872	819 417	619 172	+ 200 245	31 812	1 211 999	100 000
1873	1 040 599	773 227	+ 267 372	39 898	1 519 269	100 000

[1] Auf Grund des neuen Statuts auf diesen Betrag ermäßigt.

auch ist die Sparkassenverwaltung berechtigt, Darlehen gegen Verpfändung von Papieren der genannten Art auszuleihen und das erforderliche Kapital einer etwa zu errichtenden Leihanstalt zu leihen. Der Reingewinn der Sparkasse ist einem Reservefonds zuzuführen, der zur Deckung etwa vorkommender Verluste zu verwenden ist. Wenn dieser die Höhe von 20 vom Hundert aller Einlagen erreicht hat, können die städtischen Behörden die Sparkassenüberschüsse zu allgemeinen Zwecken verwenden. Sparkassenbücher können nur auf den Namen des Einlegenden ausgestellt werden. Auszahlungen erfolgen an jeden, der das Sparkassenbuch vorlegt; die Zulässigkeit der Eintragung des Sperrvermerks blieb bestehen. Die Rückzahlung hatte bei Beträgen unter 50 Taler in barem Gelde zu erfolgen; bei höheren Beträgen war die Sparkasse berechtigt, solche nach ihrer Wahl in barem Gelde oder in Königsberger Stadtobligationen (nach dem Nennwert) zu leisten. Auch konnte die Sparkasse die Inhaber von Sparkassenbüchern mit Einlagen von 50 Talern und darüber verpflichten, entweder den ganzen Betrag des Sparkassenbuches abzuheben, oder bei teilweiser Kündigung nur in solchen Summen zu kündigen, die in Königsberger Stadtobligationen bezahlt werden können. Der Zinsfuß wurde auf $2^1/_2$ % herabgesetzt und zwar mit Rücksicht darauf, daß sich — wie am Eingange des Statuts ausgeführt wird — die Kreditverhältnisse allgemein geändert hätten, und eine Ermäßigung des Zinssatzes von Hypotheken und Pfandbriefen eingetreten sei.

Diese Bestimmungen waren in keiner Weise geeignet, die Anlagen bei der Sparkasse zu erhöhen, wie Tabelle 20 erweist. Der geringe Zinsfuß von $2^1/_2$ Prozent, die Verpflichtung der Sparer, bei Rückzahlung der Guthaben von 50 Talern und darüber Königsberger Stadtobligationen anzunehmen, verhinderte eine stärkere Benützung der Sparkasse. Die zur Zahlung der Kriegsschuld von 1807 ausgegebenen Stadtobligationen, welche anfänglich mit 4 v. H. verzinst worden waren und meistens über Pari standen, wurden nämlich am 1. April 1845 in dreieinhalbprozentige Papiere konventiert. Weil außerdem noch inzwischen eine größere Anzahl von höher verzinslichen, gleichwertigen Effekten an den Markt gekommen war, so sank der Kurs der Stadtobligationen allmählich auf einen ziemlich niedrigen Stand. Demnach erlitt der Sparer, der seine Einlagen in barem Gelde gemacht hatte, durch die Zurückzahlung seines Guthabens in unter Pari stehenden Obligationen nicht unerhebliche Kapitalverluste. Hierzu kam noch, daß nur Sonnabends Auszahlungen erfolgen konnten, daß die Sparkasse in der Stadthauptkasse untergebracht war, und daß sie von Beamten der Stadthauptkasse nebenamtlich verwaltet wurde. Obgleich der Reservefonds seit langem den vorgeschriebenen Höchstbetrag von 20 Prozent aller Einlagen überschritten hatte, waren die Überschüsse ihm stets wieder zugeschrieben worden. Jedoch wurde nach langen Verhandlungen erst 1864 ein neues Statut erlassen, das dritte. Die Zuziehung von Stadtverordneten bei Auszahlungen unterblieb bereits seit 1855. Die wesentlichsten Änderungen waren die, daß die Höhe der einzelnen Einzahlungen nicht beschränkt wurde, daß der Zinsfuß auf 3⅓ Prozent erhöht wurde, sämtliche Rückzahlungen in barem Gelde zu erfolgen hatten, daß die bisherigen Quittungsleistungen bei Abhebungen fortfielen, daß hauptamtlich Beamte angestellt wurden und täglich sämtliche Geschäfte bei der Sparkasse abgewickelt werden konnten, daß die Höhe des Reservefonds auf 10 Prozent der Einlagen ermäßigt, und die Überschüsse, die nicht zur Verstärkung des Reservefonds verwendet wurden, dem Tilgungsfonds der Kriegsschulden zuzuführen waren. Die Verwaltungskosten — es waren inzwischen den mit den Arbeiten an der Sparkasse beschäftigten Beamten Remunerationen bewilligt worden —, die bisher aus städtischen Mitteln bestritten worden waren, hatte die Sparkasse zu decken. Ferner wurde es als zulässig bestimmt, die Bestände der Sparkasse auch in Eisenbahnprioritäts-Aktien und in Obligationen der Königsberger Privatbank anzulegen und verfügbare Gelder der Königlichen Bank und der Königsberger Privatbank als Depositen zu überweisen. In demselben Jahre erhielt die Sparkasse eigene Geschäftsräume.

Im vierten Statut von 1872 wurde die Fähigkeit, als Anlagepapier für die Bestände der Sparkasse zu dienen, auf alle Effekten ausgedehnt, welche die gleiche Sicherheit wie Staats- und Kommunalanleihen, Eisenbahnprioritäten usw. bieten. Die nicht in den Reservefonds abgeführten Überschüsse sollten nach dem gleichen Statut auch für Zwecke der städtischen Armenpflege verwendet werden dürfen.

Das fünfte Statut von 1874 führte die Markrechnung ein und erhöhte den Mindestbetrag der Einzahlungen auf 1 Mk.

Im Statut der Sparkasse von 1864 hatte man zwar bereits die kleinlichen Beschränkungen, die ein Auswachsen der Sparkasse zu einem bankähnlichen Institute verhinderten, zum großen Teil fallen gelassen. Aber man hatte damals noch nicht gewagt, die Sparkasse zur Diskontierung von erstklassigen Wechseln ohne Unterpfand zu berechtigen, obgleich gerade durch die Anlegung eines größeren Kapitals in diesen stets ohne erheblichen Verlust realisierbaren Werten die Liquidität der Sparkasse auch zur Zeit einer Krise und bei einem Ansturm der Sparer auf die Kasse zwecks Rückzahlung der Einlagen außerordentlich gewonnen hätte. So waren zwar die Einlagen bei der Sparkasse im Laufe der Jahre allmählich gestiegen, aber das Institut hatte noch lange nicht die möglich größte Ausdehnung erlangen können. Eine größere Bedeutung erhielt die Sparkasse erst durch das noch heute geltende Statut vom 3. Juli 1886. Wenn die Sparkasse auch nach diesem Statute eine städtische unter Aufsicht des Magistrats und Kontrolle der Stadtverordneten-Versammlung stehende Anstalt blieb, so wurde ihr doch, soweit dies nach der Städteordnung zulässig ist, die möglichste Selbständigkeit gewährt. Im übrigen blieb die Bestimmung bestehen, nach welcher die Stadtgemeinde mit ihrem gesamten Vermögen für alle von der Sparkasse dem Statut gemäß übernommene Verpflichtungen haftet. Hinsichtlich der Einlagen wurde bestimmt, daß sie nicht geringer als 1 Mk. sein und 3000 Mk. nicht übersteigen dürfen; es ist aber gestattet, höhere Einlagen von milden Stiftungen, Korporationen, gemeinnützigen Kassen u. dgl. anzunehmen. Zur Beförderung des Sparens kleinerer Beträge wurde die Sparkasse berechtigt, Sparmarken im Werte von je 10 Pf. auszugeben, und sie zu je 10 Stück gesammelt als bare Einlage anzunehmen. Die Einzahlung von Einlagen kann mit der Bestimmung geschehen, daß die Auszahlung erst erfolgen soll a) bei erlangter Großjährigkeit desjenigen, für welchen die Zahlung erfolgt ist, b) bei Verheiratung desselben, c) bei Eintritt eines bestimmten, auf mindestens 5 und höchstens 30 Jahre hinauszuschiebenden Termins. Für derartige Einlagen werden gesperrte Sparbücher ausgestellt. Ein fester, nur durch Statutenänderung abänderbarer Zinsfuß wurde nicht festgesetzt, es wurde vielmehr bestimmt, daß durch Gemeindebeschluß der Zinsfuß auf Antrag des Kuratoriums der Sparkasse für die gewöhnlichen Einlagen bis auf $2^1/_2$ Prozent, für Einlagen von milden Stiftungen usw., welche 3000 Mk. übersteigen, auf 2 Prozent ermäßigt oder bis auf 5 Prozent erhöht werden darf. Übersteigt der Einlagebestand eines Kontos 3000 Mk., so wird der Mehrbetrag nicht verzinst. Diese Bestimmung gilt nicht für Konten, auf welche nach dem Statut höhere Einlagen gemacht werden können. Beträge bis zu 100 Mk. werden jederzeit ausgezahlt, solche von 100—300 Mk. nach einmonatlicher, solche von 300—500 Mk. nach zweimonatlicher und solche von mehr als 500 Mk. nach dreimonatlicher Kündigung. Während dieser Fristen dürfen auch in einzelnen Raten zusammen nicht höhere Beträge als die genannten abgehoben werden; die Sparkasse kann von der Einhaltung der Kündigungsfristen absehen. Sämtliche Ein- und Auszahlungen erfolgen ohne Gebühren.

Die Bestände der Sparkasse sind anzulegen: 1. gegen hypothekarische Verpfändung von ländlichen und städtischen Grundstücken, soweit solche

Sicherheit bieten; 2. in Inhaberpapieren, welche vom Deutschen Reiche oder einem deutschen Bundesstaate emittiert oder garantiert, oder welche mit Genehmigung eines deutschen Bundesstaates von Korporationen oder Kommunen ausgestellt und mit einem ein für allemal bestimmten Satze verzinslich sind, sowie in Prioritätsobligationen deutscher Eisenbahngesellschaften, welche mit Genehmigung eines deutschen Bundesstaates ausgegeben und zu bestimmtem Satze verzinslich sind; 3. in Vorschüssen an das städtische Leihamt; 4. in Darlehen gegen Wechselakzepte und gleichzeitige Verpfändung von Hypotheken (vgl. 1), der zu 2 bezeichneten Effekten sowie sonstiger Effekten, deren Beleihung durch Beschluß des Magistrats genehmigt ist. Bei Darlehen an kommunale Verbände darf von der Hergabe von Wechselakzepten abgesehen werden. Nach dem Nachtrag von 1895 können die Bestände bis zur Höhe des Reservefonds in ersten Wechseln mit mindestens zwei Unterschriften mit Genehmigung des Magistrats angelegt werden. Disponible Kassenbestände sind bei einer öffentlichen Bank oder bei hiesigen auf Aktien begründeten oder unter amtlicher Aufsicht verwalteten Bankinstituten vorübergehend zinsbar zu belegen. Bei Anlegung der Bestände soll nach Möglichkeit derart disponiert werden, daß in der Regel die Hälfte der Einlagen in Hypotheken angelegt ist.

Die nach Berichtigung der Verwaltungskosten verbleibenden Überschüsse dienen in erster Reihe zur Bildung und Verstärkung des Reservefonds, welcher mindestens 5 Prozent der Gesamtsumme der am Schlusse des Jahres vorhandenen Einlagen betragen muß. Weitere Überschüsse sind zur Stadthauptkasse behufs Verwendung zur Tilgung der Kriegsschuld eventuell für andere städtische Zwecke abzuführen. Nach Abtragung der Kriegsschuld werden die Überschüsse von der Stadt für die Park- und Gartenverwaltung, für Ferienkolonien, das Fortbildungsschulwesen, das Arbeitsamt, das städtische Siechenhaus, die Kaiser Wilhelmheilstätte für Genesende usw. verwendet.

Die Bildung eines zweiten Reservefonds erfolgte, weil die Regierung für etwa vorkommende Verluste beim Lombardverkehr einen besonderen Reservefonds verlangte. Der Zinsfuß betrug vom 1. April 1888 ab 3 Prozent, für gesperrte Einlagen $3^1/_8$ Prozent; seit dem 1. Februar 1894 erfolgt die Zinsenberechnung nach Drittelmonaten; seit dem 1. Dezember 1894 werden die Einlagen von Stiftungen usw., welche 3000 Mk. übersteigen, mit $2^1/_2$, seit dem 1. Juli 1907 mit 3 Prozent verzinst.

Die Entwicklung des Geschäftsverkehrs ist aus den Tabellen 21, 22 und 23 ersichtlich. Zu bemerken ist noch, daß seit Bestehen der Sparkasse bis 1883 aus ihren Überschüssen an die Stadthauptkasse zu

Tabelle 21. Die Geschäftsergebnisse der städtischen Sparkasse in den Jahren 1874—1908.

Kalenderjahr	Neueinlagen Mk.	Rückzahlungen Mk.	Überschuß der Neueinzahlungen über die Rückzahlungen (+) oder der Rückzahlungen über die Einlagen (−) Mk.	Den Einlagen zugeschriebene Zinsen Mk.	Einlagenbestand am Schlusse des Betriebsjahres Mk.	Reservefonds (Ende des Berichtsjahres) Mk.	Sonder-Reservefonds (Ende des Berichtsjahres) Mk.	Verwaltungskosten Einlagen	Für gemeinnützige u. wohltätige Zwecke bewilligte Beträge Mk.
1874	4 543 651	3 252 753	+1 290 998	153 768	6 002 478	300 000	—	7 818	—
1875	4 646 772	3 893 725	+ 936 651	183 903	6 939 442	346 972	—	16 169	57 772
1876	4 767 280	4 237 907	+ 741 062	213 689	7 682 504	384 125	—	20 285	72 589
1877	4 759 687	4 593 452	+ 401 661	235 426	8 084 165	404 208	—	18 032	111 253
1878	4 807 423	4 649 351	+ 403 878	245 806	8 488 043	435 606	—	19 153	96 050
1879	4 927 986	4 599 460	+ 593 099	264 573	9 081 142	479 570	—	18 468	100 000
1880	5 524 307	5 027 393	+ 783 945	287 031	9 865 087	494 147	—	20 261	99 000
1881	6 302 179	5 087 172	+1 529 480	314 472	11 394 567	569 728	—	21 125	83 892
1882	6 489 040	5 921 234	+ 920 733	352 927	12 315 300	631 355	—	28 405	125 000
1883	7 001 729	6 438 341	+ 945 235	381 846	13 260 555	694 160	—	29 220	105 000
1884	7 218 433	6 489 652	+ 728 781	406 494	14 395 863	807 101	—	44 141	104 000
1885	7 663 408	7 352 249	+ 311 259	430 402	15 137 388	874 113	—	37 355	120 000
1886	9 289 920	7 703 178	+1 586 742	469 349	17 193 429	937 828	—	37 270	114 000
1887	11 496 028	8 898 661	+2 597 367	551 201	20 341 996	1 017 104	—	38 348	92 300
1888	12 840 264	10 301 205	+2 539 059	594 943	23 748 186	1 175 726	—	38 534	90 000
1889	12 949 289	12 058 710	+ 890 579	647 126	25 017 365	1 260 034	—	45 367	120 000
1890	11 389 926	12 828 723	−1 438 797	646 718	24 229 244	1 293 161	—	50 728	120 000
1891	10 879 499	11 778 061	− 998 662	642 885	23 972 981	1 340 013	—	50 457	150 000
1892	12 349 403	11 015 707	+1 333 696	665 691	25 972 879	1 438 335	—	51 336	150 000
1893	13 081 621	12 031 161	+1 050 460	726 168	27 749 975	1 521 537	—	53 552	150 000
1894	19 191 937	14 155 373	+5 036 564	831 850	33 618 382	1 717 626	—	55 976	197 100
1895	23 820 723	20 014 479	+3 816 244	984 257	38 419 427	1 921 810	—	57 578	137 700
1896	22 776 251	22 909 892	− 133 641	1 053 008	39 339 125	2 001 645	—	63 528	120 000
1897	21 332 810	21 749 604	− 418 794	1 079 016	40 010 595	2 094 237	—	72 352	140 000
1898	21 960 640	22 452 931	− 492 291	1 091 884	40 611 730	2 251 217	—	72 417	150 000
1899	20 437 428	21 284 169	− 846 741	1 156 133	40 921 122	2 143 247	—	76 176	58 600
1900	18 997 039	21 021 614	−2 024 575	1 096 060	39 987 653	2 148 195	144 242	80 534	162 160
1901	21 748 872	19 534 534	+2 214 338	1 150 682	43 352 674	2 904 375	154 783	80 926	215 567
1902	24 390 339	22 392 345	+1 997 994	1 255 723	46 606 391	3 313 873	132 743	88 126	235 710
1903	25 269 672	23 613 209	+1 656 463	1 352 745	49 615 599	3 512 964	257 543	90 031	236 822
1904	24 986 390	24 732 340	+ 254 050	1 405 284	51 274 931	3 618 031	390 000	91 486	240 000
1905	26 886 062	25 419 026	+1 467 036	1 484 704	54 226 672	3 844 822	400 000	92 405	275 246
1906	25 295 862	26 276 364	− 980 502	1 511 560	54 757 653	3 780 038	300 000	98 229	288 500
1907	22 313 243	25 891 849	−3 578 606	1 488 116	52 667 164	3 014 412	340 000	105 578	280 000
1908	21 743 547	25 228 491	−3 484 944	1 424 913	50 607 133	3 518 034	340 000	107 763	282 000

Tabelle 22. Das Vermögen der städtischen Sparkasse und dessen Anlagen 1884—1908.

Kalenderjahr a = überhaupt Mk. b = v. H. des ganzen Vermögens		Vermögen am Ende des Berichtsjahres	Von dem Vermögen entfielen auf						
			Hypotheken	Inhaberpapiere Buchwert	Darlehen an die Stadtgemeinde Königsberg i. Pr.	Lombardforderungen	Wechsel	Sonstige Anlagen (Bankguthaben usw.)	den Kassenbestand
1884	a	15 312 163	735 400	4 199 021	89 000	3 243 600	—	—	426 543
	b	100,00	48,03	27,42	0,58	21,18	—	—	2,79
1885	a	16 136 501	8 354 000	4 022 555	65 000	3 422 800	—	1 000	544 246
	b	100,00	50,08	24,93	0,40	21.21	—	0,01	3,37
1886	a	18 250 757	8 985 350	5 342 798	49 000	3 613 700	—	6 010	253 899
	b	100,00	49,23	29,28	0,27	19,80	—	0,03	1,39
1887	a	21 457 101	9 489 550	7 418 428	100 000	3 526 900	—	603 380	318 843
	b	100,00	44,23	34,57	0,47	16,44	—	2,81	1,48
1888	a	24 748 186	10 310 450	10 646 102	—	3 227 700	—	206 403	357 532
	b	100,00	41,66	43,02	—	13,04	—	0,83	1,54
1889	a	26 722 399	11 371 650	11 276 112	200 000	3 526 400	—	6 731	341 506
	b	100,00	42,55	42,20	0,75	13,20	—	0,03	1,27
1890	a	25 744 405	12 026 650	10 222 975	—	3 191 600	—	18 578	284 602
	b	100,00	46,72	39,71	—	12,40	—	0,07	1,10
1891	a	25 467 578	11 892 850	9 942 797	—	3 225 400	—	20 052	386 279
	b	100,00	46,70	39,04	—	12,66	—	0,08	1,52
1892	a	28 165 773	12 842 150	10 983 888	—	3 341 500	—	726 554	271 681
	b	100,00	45,59	39,00	—	11,86	—	2,59	0,96
1893	a	29 723 779	13 523 250	12 365 468	—	3 205 300	—	273 398	356 363
	b	100,00	45,50	41,60	—	10,78	—	0,92	1,20
1894	a	35 478 550	15 335 050	15 832 594	250 000	2 576 700	—	897 338	586 869
	b	100,00	43,22	44,63	0,71	7,26	—	2,53	1,65
1895	a	40 471 805	16 897 300	18 267 055	—	3 288 900	1 371 611	280 041	366 898
	b	100,00	41,75	45,14	—	8,13	3,39	0,69	0,90
1896	a	42 233 149	17 971 300	19 066 004	—	4 674 600	—	36 009	485 176
	b	100,00	42,55	45,14	—	11,07	—	0,09	1,15
1897	a	43 256 920	18 348 100	19 868 277	—	4 446 800	—	44 994	548 749
	b	100,00	42,42	45,93	—	10,28	—	0,10	1,27
1898	a	43 614 977	19 075 700	20 001 738	—	4 035 800	—	47 564	554 174
	b	100,00	43,74	45,86	—	8,22	—	0,11	1,04
1899	a	43 526 903	19 723 400	19 574 225	—	3 579 600	100 000	47 701	501 977
	b	100,00	45,31	44,97	—	8,22	0,23	0,11	1,16
1900	a	43 381 942	19 710 400	19 192 105	—	4 014 300	—	46 101	419 036
	b	100,09	45,43	44,24	—	9,25	—	0,11	0,97
1901	a	46 801 477	20 425 700	19 923 230	—	3 467 600	2 103 147	48 301	433 499
	b	100,00	63,64	42,57	—	7,41	4,49	0,10	0,93
1902	a	50 270 094	22 950 500	20 973 616	—	3 218 300	952 849	1 648 703	526 126
	b	100,00	45,65	41,72	—	6,40	1,90	3,28	1,05
1903	a	53 745 575	25 179 900	22 723 091	—	3 205 400	1 167 388	999 724	470 072
	b	100,00	46,85	42,28	—	5,96	2,17	1,86	0,88

Tabelle 22. Fortsetzung.

Kalenderjahr a = überhaupt Mk. b = v. H. des ganzen Vermögens		Vermögen am Ende des Berichtsjahres	Von dem Vermögen entfielen auf Hypotheken	Inhaberpapiere Buchwert	Darlehen an die Stadtgemeinde Königsberg i. Pr.	Lombardforderungen	Wechsel	Sonstige Anlagen (Bankguthaben usw.)	den Kassenbestand
1904	a	55 987 461	26 689 800	22 657 148	1 100 000	3 100 000	692 000	1 281 724	466 689
	b	100,00	47,67	40,47	1,96	5,54	1,24	2,29	0,83
1905	a	59 119 907	28 541 300	23 969 872	1 580 000	3 253 700	307 134	997 276	470 625
	b	100,00	48,28	40,54	2,67	5,50	0,52	1,69	0,80
1906	a	60 119 771	29 985 200	23 848 342	2 560 000	3 158 900	—	50 389	516 940
	b	100,00	49,88	39,67	4,26	5,25	—	0,08	0,86
1907	a	59 201 650	29 625 700	22 415 206	2 542 009	4 031 000	—	43 282	544 462
	b	100,00	50,04	37,86	4,30	6,81	—	0,07	0,92
1908	a	57 291 201	27 882 500	22 164 587	2 530 000	4 061 500	—	69 511	583 103
	b	100,00	48,67	38,69	4,42	7,09	—	0,12	1,01

Tabelle 23. Die Ein- und Auszahlungen bei der städtischen Sparkasse 1899—1908 nach der Höhe der in den Büchern verzeichneten Beträge.

Art der Zahlungen Kalenderjahr	Anzahl der Einzahlungen auf neue Bücher	Anzahl der Ein- bzw. Auszahlungen auf Bücher im bisherigen Betrage von über . . . . Mk. 1 bis 60	60 bis 300	300 bis 600	600 bis 3000	3000	Der gesamten Zahlungen Anzahl	Betrag Mk.
I. Einzahlungen.								
1899	17 410	30 872	34 978	17 375	26 207	545	127 387	20 436 793
1900	16 483	29 333	34 085	16 813	24 531	573	121 818	18 996 599
1901	17 679	29 029	34 563	17 523	26 423	539	125 756	21 748 858
1902	18 093	30 546	34 841	18 734	28 125	681	131 020	24 390 305
1903	18 199	31 200	35 034	20 151	30 845	419	135 848	25 269 666
1904	17 631	32 914	37 785	19 931	33 104	375	141 740	24 986 378
1905	18 538	34 267	40 523	21 166	35 320	481	150 295	26 886 062
1906	17 432	32 712	40 365	20 951	36 438	429	148 327	25 295 862
1907	16 297	31 019	39 514	20 845	34 237	415	142 327	22 313 243
1908	15 186	30 507	37 857	20 022	31 619	639	135 830	21 743 545
II. Auszahlungen.								
1899	—	21 340	34 452	19 179	32 307	1529	108 807	21 283 410
1900	—	22 144	35 935	19 639	31 137	1432	110 284	21 011 113
1901	—	20 728	34 549	19 965	32 040	926	108 218	19 534 520
1902	—	21 973	37 820	21 420	36 779	693	118 685	22 392 331
1903	—	22 549	37 338	21 950	37 994	888	120 719	23 613 193
1904	—	23 311	38 577	22 435	41 418	1205	126 946	24 722 327
1905	—	25 298	40 228	22 611	41 892	571	130 600	25 421 026
1906	—	22 026	39 653	23 158	42 495	868	128 200	26 276 364
1907	—	22 886	42 675	24 837	43 662	676	134 736	25 891 849
1908	—	24 125	46 888	26 967	43 067	968	142 015	25 228 491

gemeinnützigen und wohltätigen Zwecken 1 007 671 Mk. abgeführt worden sind. Der Ankauf von ersten Wechseln ist seit 1906 unterblieben, weil die Sparkasse für die Gelder andere Anlegemöglichkeiten vorzog. Bei der Beurteilung der Zahlenangaben in den Tabellen ist abgesehen von der Statutenänderung, der Lage des Kapitalmarktes und anderen Tatsachen allgemeinerer Natur zu berücksichtigen, daß im Jahre 1905 eine Kreissparkasse vom Landkreise Königsberg errichtet wurde, daß die Ostpreußische Generallandschaft, welche in Königsberg außer der Hauptstelle noch zwei Nebenstellen unterhält, seit einigen Jahren Depositengelder annimmt, und daß die hier bestehenden Privatbanken ebenfalls kleinere Geldbeträge seit mehreren Jahren als Depositen annehmen. Seit 1884 bestehen drei Nebenstellen der städtischen Sparkasse.

Eine erst seit kurzem eingeführte Einrichtung der Sparkasse zur Förderung des Sparens in den städtischen Volksschulen müssen wir hier noch behandeln. Bereits unterm 13. Mai 1907 hatte der Magistrat an die Stadtverordnetenversammlung den Antrag gerichtet, für den genannten Zweck 12 000 Mk. aus den Mitteln der Sparkasse zur Verfügung zu stellen. Dieser Antrag wurde jedoch abgelehnt. Ein erneuter ähnlicher Antrag fand erst am 3. November 1908 die Zustimmung der Stadtverordneten. Es wurden einmalig 6000 Mk. aus dem Deckungsfonds der Sparkasse bewilligt und fernere 6000 Mk. als Ausgabe in den Etat der Sparkasse für 1909 eingestellt.

Die Einrichtung des Schulsparsystems ist nun folgendermaßen: Jedes eine städtische Volksschule besuchende Kind erhält, sobald es auf die vierte Klasse gekommen ist, unentgeltlich ein bis zum Ablauf der Schulzeit gesperrtes Sparbuch der städtischen Sparkasse über ein Guthaben von 1 Mk. nebst einer für 20 Sparmarken eingerichteten und mit einer 10 Pf. geltenden Sparmarke beklebte Sparkarte; für jede während der Sperrfrist eingelieferte, mit 20 Marken versehene Karte, deren Wert nur dem zugehörigen Guthabenkonto zugeschrieben werden darf, wird dem Sparer eine mit einer 10 Pf.-Sparmarke versehene Karte ausgehändigt. Sparmarken, die in die Karte eingeklebt sind, werden von der Sparkasse eingelöst. Die Sperrfrist kann bis zur Vollendung des 17. Lebensjahres des Sparers verlängert werden. Guthaben, auf welche während der Sparzeit nicht wenigstens eine vollbeklebte Sparkarte eingeliefert ist, gelten als verfallen. Die zum Betriebe des Sparsystems erforderlichen Geschäfte führt die Sparkasse; die Schulen haben nur die Namen der betreffenden Kinder, die Aushändigung der Sparkarten und den Verkauf der Sparmarken übernommen.

Die Schulsparbücher werden an die in die vierte Klasse versetzten Kinder, da Versetzungen nur zu Ostern und Michaelis erfolgen, halbjährlich ausgegeben, und zwar am 6. Mai, dem Geburtstage des Kronprinzen des Deutschen Reiches, und am 10. November, dem Geburtstage Schillers.

Dieses Schulsparsystem hat trotz der Gegenagitation der sozialdemokratischen Presse bei den Schulkindern und deren Eltern eine sehr große Aufnahme gefunden. Daß die Annahme einer Schulsparkarte verweigert worden wäre, ist bisher nicht vorgekommen.

Es wurden im laufenden Jahre 1909 vom 6. Mai bis zum 14. Oktober 14812 vollbeklebte Sparkarten eingeliefert und zwar vom 6. Mai bis 14. Juni 2480, vom 15. Juni bis 14. Juli 2043, vom 15. Juli bis 15. August 2592, vom 16. August bis 15. September 4696 und vom 16. September bis zum 14. Oktober 3001. Von den Schulkindern sind somit in dieser ganzen Zeit 14812 × 19 = 281428 Sparmarken zu 10 Pf. eingeklebt, mithin 28142,80 Mk. erspart worden, während die Sparkasse 1481,20 Mk. für die erste Sparmarke auf jede Sparkarte zugezahlt hat.

II. Das städtische Leihamt.

Nach längeren bereits 1832 beginnenden Verhandlungen wurde das städtische Leihamt am 25. Oktober 1842 errichtet. Es wurde zunächst in einem Mietshause untergebracht; da diese Räume sich bald als ungenügend erwiesen, wurde der altstädtische Bauhof zum Ausbau bzw. Neubau des Leihhauses übergeben. Im Oktober 1846 fand der Umzug statt. Ein vollständiger Neubau auf dem Grundstücke Oberrollberg 20 mit 6 Stockwerken auf der einen Seite und 7 auf der anderen wurde in den Jahren 1901/02 errichtet, in dem das Leihamt seit 1902 untergebracht ist.

Nach dem noch heute geltenden Reglement von 1842 hat die Anstalt den Zweck, den Einwohnern Königsbergs in Fällen vorübergehender Not zu Hilfe zu kommen und ihnen Gelegenheit zu geben, sich durch Versatz entbehrlicher Vermögensstücke Geld zu verschaffen, ohne dem Wucher anheimzufallen. Die Stadt haftet mit ihrem Vermögen für die Verbindlichkeiten des Leihamtes. Darlehen werden gegeben auf Kleinodien, Edelsteine, Metalle und metallene Gerätschaften, auf Kleidungsstücke, Zeuge und Waren sowie auf alle sonstigen, beweglichen nutzbaren Gegenstände, zu deren Aufnahme kein großer Raum erforderlich ist. Ausgeschlossen sind alle abgenutzten Sachen, ferner Flüssigkeiten, Betten, Möbel, Pelzwaren, Kupferstiche,

Bücher, alle leicht zerbrechlichen oder dem Verderben ausgesetzten und feuergefährlichen Gegenstände. Kleinodien, Edelsteine, Metalle und metallene Gerätschaften werden mit zwei Dritteilen des Taxwertes, die übrigen Gegenstände mit dessen Hälfte beliehen; die Beleihung erfolgt nicht unter 2 Mk. und über diesen Betrag hinaus nur in mit 1/2 Mk. steigenden Summen. Die Darlehen werden zu 12 1/2 Prozent auf 6 Monate gegeben; eine frühere Einlösung ist statthaft. Die Zinsen werden stets auf einen vollen Monat berechnet; Bruchpfennige werden für voll gerechnet. Die Darlehen können nach Ablauf der sechsmonatlichen Frist noch auf 6 Monate verlängert werden. Geht diese Nachfrist ohne Einlösung vorüber, so wird das Pfand öffentlich verauktioniert. Der nach dem Verkauf über das Darlehen einschließlich der Zinsen und der Veräußerungskosten verbleibende Überschuß wird dem Verpfänder zurückgegeben. Meldet sich dieser binnen 6 Wochen nicht, so wird der Überschuß bis zum Betrage von 30 Mk. der Ortsarmenkasse überwiesen. Bei höheren Überschüssen erfolgt ein gerichtliches Aufgebotsverfahren; falls das nicht zu einem Ergebnisse führt, ist der Überschuß ebenfalls der Armenkasse zu überweisen. Das für das Leihamt erforderliche Kapital wird von der Sparkasse hergegeben und mit 4 Prozent verzinst. Die aus dem Betriebe des Leihamtes sich ergebenden Überschüsse waren bis 1872 an die Armenkasse, an die Ortsarmenkasse, sowie an den Siechenhausfonds zu übergeben; die Summe aller dieser Überweisungen betrug in den Jahren 1848—1872 18 858 Mk. Seit 1873 wurden die Überschüsse zur Bildung eines Neubaufonds für die Anstalt verwendet. Dieser stieg bis zum 1. April 1903 auf 319 731 Mk.

Außergewöhnlich hoch waren im Verhältnis zu der Bevölkerung die Zahl der Pfänder und die Pfandsummen in den Jahren 1866—1872. Es betrugen nämlich am Ende des Jahres

1866	die	Pfänder	18 972,	die	Pfandsumme	252 897	Mk.
1867	„	„	22 072,	„	„	264 014	„
1868	„	„	38 971,	„	„	404 735	„
1869	„	„	39 406,	„	„	423 933	„
1870	„	„	37 830,	„	„	395 923	„
1871	„	„	32 790,	„	„	343 194	„
1872	„	„	33 466,	„	„	383 144	„

Von da ab traten wesentlich geringere Beleihung ein. Über die Beleihungen und Einlösungen in den letzten 10 Kalenderjahren orientiert folgende Tabelle 24.

Tabelle 24. Die Beleihungen und eingelösten Pfänder im städtischen Leihamte 1899—1908.

Jahr a = Neubeleihungen und Prolongierungen b = Eingelöste Pfänder		Geschäfte im Betrage von über . . . . Mark							Der gesamten Geschäfte	
		1 bis 3	3 bis 6	6 bis 10	10 bis 20	20 bis 100	100 bis 500	500 bis 1000	Anzahl	Betrag Mk.
1899	a	3566	8430	4930	3085	1274	77	9	21 371	206 196
	b	3627	8494	4933	3143	1263	73	5	21 538	226 333
1900	a	3683	8974	5383	3105	1368	80	7	22 600	217 845
	b	3416	8330	4977	2951	1296	68	6	21 044	222 859
1901	a	3642	9161	5681	3162	1412	85	5	23 148	222 146
	b	3486	8545	5160	2896	1236	72	4	21 399	218 222
1902	a	3822	9371	5899	3225	1362	93	4	23 776	226 153
	b	3448	8706	5482	2973	1285	88	6	21 988	230 726
1903	a	3502	9073	5831	3273	1456	90	2	23 227	222 758
	b	3418	8918	5489	3132	1412	92	3	22 464	234 265
1904	a	3616	9152	5690	3260	1524	101	4	23 347	229 448
	b	3394	8960	5763	3212	1458	85	4	22 876	241 569
1905	a	3067	7988	5126	3071	1406	93	4	20 755	213 888
	b	3266	8157	5234	3109	1438	107	5	21 316	239 492
1906	a	2142	7098	5117	3232	1503	98	3	19 193	212 808
	b	2380	7200	4950	3004	1447	87	3	19 071	222 145
1907	a	2118	7118	5534	3555	1588	111	7	20 031	232 498
	b	2058	6676	5024	3181	1395	96	5	18 435	224 622
1908	a	3045	9193	6854	4117	2122	189	7	25 527	303 070
	b	2428	7810	5728	3515	1747	171	5	21 404	274 817

Das Bruttovermögen des Leihamtes stellte sich 1907 auf 423 860 Mk.; davon entfallen auf das Gebäude nebst dessen Zubehör 197 681 Mk., auf Inventar 13 712 Mk. und auf ausstehende Forderungen nebst Barbestand 212 466 Mk. Diesem Bruttovermögen steht eine Anleihe bei der städtischen Sparkasse von 121 000 Mk. gegenüber, so daß sich ein Reinvermögen von 302 860 Mk. ergibt. In den letzten Jahren ergaben sich Fehlbeträge, die aus den anderen Einnahmen des Stadtsäckels gedeckt und beim Etat der offenen Armenpflege gebucht werden.

III. Die städtische Feuersozietät.

Die städtische Feuersozietät wurde 1723 gegründet, nachdem den drei Städten unterm 26. Juli desselben Jahres — Königsberg zerfiel bis 1724 in die Städte Altstadt, Kneiphof und Löbenicht — ein königliches Privilegium verliehen worden war, nach welchem sämtliche in den Stadtbezirken belegene Baulichkeiten nach ihrem Schätzungswerte zu einer Brandschadengemeinschaft zusammenzufassen, und somit die Eigentümer zur gemeinsamen Tragung der Feuerschäden heranzuziehen waren. Nach dem damals erlassenen Reglement war jeder Eigentümer eines im Weichbilde der Stadt belegenen Hauses verpflichtet, der städtischen Feuersozietät beizutreten. Als im Anfange des 19. Jahrhunderts mehrfache sehr bedeutende Schadenbrände (der größte war wohl 1839) ganze Viertel der Stadt verheerten, und die demgemäß von der Feuersozietät zu zahlende Entschädigungen eine sehr große Höhe erreichten — eine Rückversicherung gab es bei dem damals nur sehr gering entwickelten Verkehr der Feuerversicherungsinstitute untereinander noch nicht — faßten die städtischen Körperschaften im August 1842 den Beschluß, die bestehende Zwangsversicherungspflicht aufzuheben, mit der Begründung, den damals noch im Anfange ihrer Entwicklung stehenden Privatversicherungsgesellschaften müsse die Teilnahme an den Feuerschäden ermöglicht werden. Da die privaten Feuerversicherungsunternehmungen namentlich für solide Gebäude weit günstigere Versicherungsbedingungen stellten, so gingen der städtischen Feuerversicherungssozietät allmählich gerade die besten Risiken verloren. Eine Wiederbelebung der Sozietät erhoffte man durch das revidierte Reglement von 1862. Nach diesem Reglement war nur die Versicherung von Gebäuden, Zäunen, Bohlwerken, Brücken und ähnlichen Bauten zulässig. Ausgeschlossen waren sämtliche Mobilien und die Dampfmaschinen, sowie Pulvermühlen und -Niederlagen, Windmühlen, Theater und Kirchen. Kein Gebäude konnte bei der Sozietät versichert werden, das schon anderswo versichert war. Die Versicherungssumme durfte den gemeinen Wert derjenigen Teile des versicherten Gegenstandes, welche durch Feuer zerstört werden können, also bei Gebäuden mit Ausschluß der in der Erde befindlichen Fundamente, nicht übersteigen. Mit Beobachtung dieser Beschränkung stand es den Besitzern frei, die Versicherung der Baulichkeiten so hoch oder so niedrig zu bemessen, als sie wollten. Die von der Feuersozietätskasse zu zahlenden Brandvergütigungen und deren sonstige Bedürfnisse waren durch die Beiträge der Versicherungsnehmer aufzubringen. Die Höhe der Beiträge richtete sich für jedes Gebäude nach der Klasse, zu welcher es nach seiner Beschaffenheit einerseits und dem Grade seiner Feuergefährlichkeit andererseits gehörte. Die versicherungsfähigen Baulichkeiten wurden in folgende drei Klassen eingeteilt:

I. Klasse: massive Gebäude mit feuersicherer Bedachung;

II. Klasse: Fachwerkgebäude oder in den Ringwänden nur teilweise massive Gebäude mit feuersicherer Bedachung;

III. Klasse: Hölzerne Gebäude, Zäune, Bohlwerke, Brücken und sonstige hölzerne Baulichkeiten.

Das gewöhnliche Beitragssimplum von Gebäuden erster Klasse betrug 1 pro mille der Versicherungssumme, dasjenige in der zweiten Klasse $1^1/_2$ pro mille und dasjenige in der dritten Klasse 3 pro mille. Je nach den Gewerben, die in den Baulichkeiten betrieben wurden, wurde ein höheres Simplum erhoben; am bedeutendsten, nämlich 6 pro mille, war es bei den in den Speichervierteln gelegenen Speichern und Stallungen, welche nach ihrer Bauart in die zweite Klasse einzurangieren waren.

Das Simplum der pränumerando für ein Jahr zu zahlenden Feuerkassenbeträge war von jedem Versicherten so lange in vollem Betrage zu zahlen, bis durch Ersparnisse und Zinsenzuwachs ein Reservekapital von 5 Prozent der gesammten Versicherungssumme angesammelt war. Alsdann wurde, soweit die aufkommenden Zinsen des Reservekapitals und das pränumerando gezahlte Simplum der Feuerkassenbeiträge zur Deckung der in jedem einzelnen Jahre zu zahlenden Brandschadenvergütungen und zur Wiederherstellung des Reservefonds nicht verwandt zu werden brauchten, der Überschuß an die Versicherten nach dem Betrage der Versicherungssumme und nach Jahresklassen als Dividende verteilt.

Hinsichtlich der Verwaltung der Feuersozietät ist folgendes zu bemerken. Die obere allgemeine Leitung hatte der Magistrat, welcher ein Mitglied des Kollegiums mit der speziellen Bearbeitung zu beauftragen hatte. Unmittelbar unter dem Magistrat stand die aus Mitgliedern desselben und aus den mit Grundeigentum angesessenen Stadtverordneten und Bürgern gebildete Feuersozietäts-Deputation als eigene verwaltende Behörde. Die Kassen- und Bureaugeschäfte waren durch städtische Beamte zu erledigen. Die Kämmerei erhielt dafür von der Sozietät einen angemessenen Gehaltszuschuß.

Dieses neue Reglement war nicht geeignet, den weiteren Rückgang der Geschäfte zu hemmen. Betrug der Versicherungswert der Gebäude 1862 noch 12 Millionen Mark, so sank er bis 1871 auf 6 Millionen Mark und, nachdem die Stadtgemeinde ausgetreten war und ihre Baulichkeiten bei privaten Gesellschaften versichert hatte, 1874 auf eine Million Mark. Mehrfach wurde die Aufgabe der Feuersozietät erwogen, ein darauf gerichteter Antrag der städtischen Körperschaften aus dem Jahre 1872 wurde von den Aufsichtsbehörden abgelehnt. Eine die Lebensfähigkeit wieder erweckende Reorganisation war so lange nicht zu erwarten, als für die Feuersozietät die Aufnahmepflicht bestand, die privaten Versicherungsgesellschaften aber immer schärfer hinsichtlich der Begutachtung des bei der Versicherung von Gebäuden ihnen entstehenden Risikos vorgingen und daher besonders feuergefährliche Baulichkeiten, deren Versicherung die privaten Gesellschaften ablehnten, bei der Feuersozietät versichert wurden. Eine Neuordnung des Reglements wurde im August 1901 durch die Stadtverordneten-Versammlung nicht angenommen; es wurde von ihr vielmehr der Antrag an den Magistrat gestellt, mit der ostpreußischen Feuersozietät zum Zwecke der Verschmelzung der Königsberger Feuersozietät mit dieser in Verhandlung zu treten.

Nach langwierigen Verhandlungen kam 1906 ein entsprechender Vertrag mit der ostpreußischen Feuersozietät zustande. In diesem Jahre gab es nur noch 20 Versicherte mit einer Versicherungssumme von 712 692 Mk. Der Reservefonds betrug 316 504 Mk.; dieser fiel der Stadtgemeinde zu.

C. Die Betriebe zur Deckung des eigenen Bedarfs der Stadtverwaltung.

I. Das städtische Fuhramt.

Das städtische Fuhrwesen besteht wahrscheinlich schon seit mehreren Jahrhunderten. Die Stadt war verpflichtet, die erforderlichen Pferde zur Heranschaffung der großen Feuerlöschgeräte an die Brandstelle und für die Abfuhr des Hausmülls und der Kloake bereit zu halten. Im Jahre 1809 besaß die Stadt drei Stadthöfe, den Kneiphöfischen, den Altstädtischen und den Löbenichtschen. Es waren im ganzen 66 Pferde vorhanden. Besondere Kranken- und Leichenwagen waren nicht in Betrieb. Der Merkwürdigkeit halber sei erwähnt, daß drei Schleifen, einer liegenden Tonne ähnlich, unterhalten wurden, in welchen die auf der Straße betrunken liegend gefundenen Personen nach dem Polizeigewahrsam transportiert wurden.

Das Fuhramt stellt gegenwärtig der Feuerwehr das notwendige Pferdematerial und leistet für sämtliche städtische Verwaltungen die erforderlichen Fuhren. Der Bestand an Personal, Inventar nebst den Arbeitsleistungen während der Jahre 1898—1907 ist in Tabelle 25 mitgeteilt.

Das Fuhramt kann natürlich keine Überschüsse an die Stadthauptkasse in bar abliefern. Doch haben die Verwaltungen, die Leistungen, mit welchen sie das Fuhramt in Anspruch nehmen, und welche nach bestimmten Grundsätzen zu berechnen sind, bei der Stadthauptkasse auf das Konto des Fuhramtes zu dessen Gunsten verbuchen zu lassen. Das bildet den Hauptbestandteil der in folgender Tabelle 26 aufgeführten Einnahmen; der Überschuß der Einnahmen über die Ausgaben — in letzteren stecken auch die Beträge zur Verzinsung der Anlagen des Fuhramtes — ist identisch mit dem Mehrbetrage, den die Stadt mindestens hätte aufwenden müssen, wenn die Fuhren an Privatunternehmer vergeben würden.

Tabelle 25. Die Fuhrwerksverwaltung in den Rechnungsjahren 1898—1907.

Schilderungsgegenstand	1898	1899	1900	1901	1902	1903	1904	1905	1906	1907
I. Personal. (Ende des Jahres.)										
Oberinspektor	1	1	1	1	—	—	—	—	1	1
Fuhrwerksinspektor	—	—	—	—	1	1	1	1	—	—
Stadthofsinspektoren	3	3	3	3	**2**	2	2	2	2	2
Kutscher	53	53	53	53	53	53	53	53	53	53
Reservekutscher	25	25	26	26	29	29	31	31	42	42
II. Inventar. (Ende des Jahres.)										
Pferde überhaupt	**154**	**160**	**162**	**168**	**170**	**169**	**170**	**178**	**187**	**191**
dav. bereitgestellt für die Feuerwehr	24	25	25	31	31	31	31	32	36	36
davon für das Reinigungsamt	—	5	7	7	9	9	9	9	9	9
Hehlwagen	53	53	53	53	53	53	53	53	54	54
Dungwagen	53	53	53	53	53	53	53	53	53	53
Fliesenwagen	7	7	7	7	10	10	10	10	10	10
Federrollwagen	—	—	—	—	—	1	3	8	10	10
Kokswagen	4	4	4	4	4	4	4	4	4	5
Schlammwagen	11	11	12	12	12	12	10	10	10	10
Krankenwagen	6	6	6	5	5	4	4	4	4	4
Leichenwagen	3	3	3	3	3	3	3	3	3	3
Gefangenentransportwagen	1	1	1	1	1	1	1	1	1	1
Renitentenwagen	3	3	3	3	3	3	3	3	3	3
Aktenwagen	—	—	—	—	—	—	—	1	1	1
III. Arbeitsleistung.										
Anzahl der Fuhren überhaupt	**83 671**	**85 959**	**83 795**	**98 170**	**86 267**	**87 679**	**113 139**	**115 834**	**124 601**	**122 372**
davon die der Hehlwagen	25 258	22 275	21 284	24 468	36 797	44 573	64 245	64 150	60 456	51 068
Dungwagen	49 418	53 526	53 207	64 307	36 674	31 026	36 982	33 919	45 402	52 108
Fliesenwagen	365	958	432	320	794	662	1 117	1 909	1 220	1 175
Federrollwagen	—	—	—	—	—	469	2 362	6 224	8 949	8 791
Koksiwagen	794	783	1 152	1 252	2 406	2 972	2 822	2 985	3 260	3 346
Schlammwagen	5 006	4 999	4 533	4 567	6 181	4 181	1 767	2 270	1 119	1 485
Krankenwagen	984	1 184	1 115	1 175	1 392	1 547	1 555	1 574	1 361	1 407
Leichenwagen	264	314	308	271	308	302	322	344	340	344
Gefangenentransportwagen	978	1 041	972	988	991	1 017	1 123	1 227	1 286	1 384
Renitentenwagen	604	879	792	822	724	930	844	1 232	1 208	1 264
Aktenwagen	—	—	—	—	—	—	—	18 Tage	303 Tage	304 Tage
Außerdem zweispänn. Tagewerk	3 571	3 323	4 160	4 747	5 670	4 693	3 538	2 935	3 470	3 443

Tabelle 26. Ausgaben und Einnahmen des Fuhramtes 1903—1908.

Ausgaben, Einnahmen und deren Gegenstand	1903 Mk.	1904 Mk.	1905 Mk.	1906 Mk.	1907 Mk.	1908 Mk.
Ausgaben überhaupt . . .	**209 191**	**236 155**	**275 773**	**300 068**	**326 698**	**315 892**
davon Besoldungen und Löhne	65 326	69 143	93 712	103 071	112 291	132 507
Einnahmen überhaupt . .	**304 097**	**331 942**	**382 350**	**411 246**	**419 151**	**378 414**
dav. Wert der Fuhrleistungen	292 577	318 739	361 000	393 373	395 878	372 584
Überschuß	93 486	95 787	106 577	111 178	92 453	62 522

II. Die städtische Park- und Gartenverwaltung.

Die Unterhaltung der damals nur einen geringen Umfang besitzenden städtischen Park- und Gartenverwaltung hatte seit 1873 der Dr. Kesselsche Verschönerungsverein übernommen, dem die Stadt zuerst einen Beitrag von 3000 Mk., später einen solchen bis zu 17 000 Mk. leistete. Vom 1. April 1901 übernahm die Stadt die Pflege der Anlagen. Dafür wurden zunächst 30 000 Mk. von der Stadt ausgesetzt. Von größeren Anlagen und Parks besaß die Stadt damals innerhalb der Festungswälle nur den auf staatlichem Grund und Boden belegenen 6,67 ha großen Volksgarten, der mit einem außeretatsmäßigen Aufwand von 17 000 Mk. umgestaltet wurde; im übrigen erstreckte sich die Pflege der Stadt nur auf etwa 30 kleinere Spiel- und Schmuckplätze und auf 9 km bepflanzte Straßen. Außerhalb der Wälle hatte die Stadt die Unterhaltung der Glacisanlagen zwischen dem Steindammer Tor und dem Ausfalltor in Größe von 11 1/2 ha übernommen; sowie die der Provinzialverwaltung vor dem Steindammer Tore gehörende Schmuckanlage von 5 1/2 ha. Seit 1890 besitzt die Stadt den sogen. Walter Simonplatz für Jugendspiele von 6,84 ha Fläche, ferner in der westlich gelegenen Gemeinde Juditten seit 1896 den Park Luisental von 12 ha und seit 1898 den daran grenzenden Stadtpark Juditten von 15 1/2 ha. Eine kleine Gärtnerei von 5316 qm Größe lieferte die Pflanzen für den botanischen Unterricht in den Schulen und für die Ausschmückung der Anlagen. Im Herbst 1904 wurde das 12 1/2 ha große Terrain der neuen Stadtgärtnerei, welches einen Wert von 62 500 Mk. repräsentiert, durch Tausch erworben, und in den nächsten Jahren mit einem Aufwande von 118 000 Mk. hergerichtet. Die neue Stadtgärtnerei soll in allen ihren Teilen auf die weitesten Kreise anregend und belehrend wirken; sie ist als eine Art botanischer

Volkspark gedacht. Auf dem Terrain befinden sich die Pflanzenkulturen für die Ausschmückung der städtischen Anlagen, ein Studiengarten für Zeichner und Maler, ein Garten zur Lieferung von Pflanzen an sämtliche Königsberger Schulen für den botanischen Unterricht, der Schulgarten, der dem Anschauungsunterricht dient, sowie die 7½ ha große Baumschule, die das gesamte Gehölzmaterial für die Herstellung öffentlicher Anlagen und Straßenbaumpflanzen herzugeben hat.

In den letzten Jahren haben die städtischen Parkanlagen eine bedeutende Erweiterung erfahren; die Parkanlagen in Juditten wurden durch Grundstückserwerb erweitert. Im Norden der Stadt konnte durch eine Stiftung ein etwa 180 Morgen großer Park erworben werden. Im ehemaligen Vorort Kalthof wurde ein großer Park angekauft, ebenso in Ratshof usw. Gegenwärtig beträgt der Gesamtflächeninhalt der städtischen Anlagen 133 ha und die Gesamtlänge der bepflanzten Straßen 65 058 m mit 13 428 Bäumen.

Die ungedeckten Kosten werden aus den Überschüssen der Städtischen Sparkasse, sowie aus städtischen Mitteln bestritten. Es betrugen:

im Rechnungsjahre	die Einnahmen Mk.	die Ausgaben Mk.	der Fehlbetrag Mk.	der Zuschuß der Sparkasse Mk.	der Zuschuß der Stadt Mk.
1903	11 500	44 200	32 700	32 700	—
1904	17 773	57 283	39 510	39 510	—
1905	17 229	125 774	108 545	108 545	—
1906	25 931	150 360	100 516	71 950	28 566
1907	52 882	179 232	116 350	116 350	—
1908	23 255	134 000	111 365	111 365	—

An Gehältern wurden verausgabt 1905 3000 Mk., 1906 11 775 Mk., 1907 16 498 Mk. und 1908 17 330 Mk., an Löhnen 59 133 Mk., bzw. 53 266 Mk., bzw. 42 144 Mk., bzw. 63 420 Mk.

III. Das Königsberger Gemeindeblatt.

Bis zum 31. März 1908 erfolgten sämtliche, von der Stadtgemeinde zu erlassenden Bekanntmachungen in drei hiesigen Tageszeitungen und zwar sowohl diejenigen, welche auf Grund von gesetzlichen oder von ortsstatutarischen Bestimmungen zu veröffentlichen waren, als auch die sonstigen. Diese Veröffentlichungen in drei Zeitungen erforderten immer mehr steigernde Ausgaben, zumal sich die Zeitungen infolge der Erhöhung der Sätze des Buchdruckertarifs zu einer Verteuerung der Einrückungsgebühren genötigt sahen. Wesentlich aus dem Grunde, um die bisherigen erheblichen Kosten der Bekanntmachungen der Stadtgemeinde zu ermäßigen, wurde das Königsberger Gemeindeblatt ins Leben gerufen; es erscheint seit dem 1. April 1908 wöchentlich am Sonnabend, im Umfange von durchschnittlich einem Bogen. Bei Bedarf werden Sondernummern ausgegeben, jedoch nur, wenn die Publikation einer Bekanntmachung zur Innehaltung bestimmter Fristen die frühere Veröffentlichung notwendig macht. Das Gemeindeblatt enthält neben den Bekanntmachungen auch Verfügungen des Magistrats allgemeiner Natur an die städtischen Dienststellen. Außerdem werden Aufsätze über einzelne Verwaltungszweige bzw. Betriebe, die Monatsberichte der städtischen Betriebe, die Wochenberichte des statistischen Amtes über Fleischpreise im Kleinhandel, Bevölkerungsvorgänge im Stadtkreise, die polizeilich gemeldeten Erkrankungen, die Wasserstände, die wöchentlichen Berichte der Preisnotierungskommission des Schlachthofes über Fleischgroßhandelspreise veröffentlicht. Regelmäßig jeden Monat erscheinen auch im Gemeindeblatt die Ergebnisse der Seeschiffahrts- und Binnenschiffahrtsstatistik für den Königsberger Hafen und der Grundbesitzwechselstatistik im Stadtkreise.

Anzeigen werden nur von Behörden gegen eine Einrückungsgebühr von 40 Pf. für die zweimal gespaltene Borgiszeile aufgenommen. Die Redaktion erfolgt von dem Direktor des statistischen Amtes, dem ein Beamter zur Erledigung der für das Gemeindeblatt erforderlichen Bureauarbeiten beigegeben ist.

Das Gemeindeblatt wird den Magistratsmitgliedern, den Stadtverordneten, den ehrenamtlich in der Stadtverwaltung tätigen Personen und einer Reihe von Behörden unentgeltlich zugestellt. Der Bezugspreis beträgt 50 Pf. für das Vierteljahr beim Abholen von der Geschäftsstelle des Betriebes, und von 65 Pf. bei Zustellung durch die Post oder durch Boten innerhalb der Stadt.

Die gesamte Herstellung des Gemeindeblattes ist, einschließlich der Lieferung des Papiers, einer hiesigen Zeitungsdruckerei in einem Vertrage übergeben worden, nach welchem die Preise für Satz, Druck und Papier fest bestimmt sind. Da der Vertrieb des Gemeindeblattes durch die Stadtgemeinde dieser große besondere Arbeit aufgebürdet hätte, welche die Anstellung mindestens eines, nur mit der Erledigung dieser Geschäfte betrauten Beamten, erforderlich gemacht hätte, und da eine Zustellung des Blattes an die Empfänger innerhalb der Stadt durch Gemeindeboten sich von selbst verbot, sowie eine Zusendung durch die Post unter Kreuzband zu kostspielig gewesen wäre, so wurde der betreffenden Zeitungsdruckerei auch der gesamte Vertrieb des Gemeindeblattes übertragen, und ebenso die Erhebung der Bezugsgebühren.

Die Ausgaben im Rechnungsjahre 1908 betrugen 6575 Mk.; davon entfallen 4920 Mk. auf Herstellungskosten, 1656 Mk. auf Speditionsgebühren. Von den Ausgaben wurden 1002 Mk. durch Abonnementseinnahmen und 1745 Mk. durch Insertionsgebühren gedeckt. Die Anzahl der Abonnenten stellte sich auf 372; 1137 Personen erhielten das Gemeindeblatt unentgeltlich.

IV. Sonstige Betriebe.

Die Wachtmannschaften der Feuerwehr sind während der Zeit, in welcher sie von dem Feuerwehrdienst nicht in Anspruch genommen sind, in Werkstätten mit Reparaturen an den Feuerwehrgeräten und Herstellung von Bekleidungsstücken beschäftigt. Die wachtfreien Mannschaften werden zu kleinen Reparaturen an städtischen Grundstücken, zur Legung von Klingelleitungen und Haustelephonleitungen in städtischen Gebäuden, zur Anbringung von Straßenschildern, zu Hydrantenrevisionen, Taucherarbeiten usw. verwendet; dadurch wird die Inanspruchnahme von Zivilpersonen erspart. Der Wert aller dieser Leistungen wird nicht näher geschätzt.

Im städtischen Armenhause erfolgt von den Insassen für den Bedarf der städtischen Verwaltung das Zerkleinern und Aufsetzen des Brennholzes, das Waschen der in den Bureaus gebrauchten Handtücher usw., sowie die Erledigung anderer, für das Armenhaus notwendigen Arbeiten. Gelegentlich werden auch andere Arbeiten für Private ausgeführt, so z. B. das Reißen von Federn.

D. Die Verwaltung des städtischen Grundeigentums.

In früheren Jahrhunderten gehörte der Stadt Königsberg in der näheren und weiteren Umgegend ein sehr bedeutendes Grundeigentum, das meilenweit über das Weichbild hinausreichte. Für die Jahre 1775, 1785, 1795, 1805, 1815, 1825 und 1833 besitzen wir eine auf Verlangen des Regierungspräsidenten im Jahre 1833 angefertigte Zusammenstellung, welche in Tabelle 27 wiedergegeben wird. Die Angaben sind in

Tabelle 27. Städtisches Grundeigentum in den Jahren 1775—1833[1].

Art des Grundeigentums	1775			1785			1795			1805			1815			1825			1833		
	H.	M.	R.	H.	M.	R.	H.	M.	R.	H.	M.	R.	H.	M.	R.	H.	M.	R.	H.	M.	R.
Äcker . . .	92	19	268	88	7	286	85	21	214	53	23	183	53	23	183	17	2	7	—	5	124
Wiesen . .	37	3	145	34	23	107	34	3	173	16	26	282	16	26	282	2	4	108	2	4	198
Palwe und Weide .	92	7	58	88	17	137	86	13	131	49	17	67	49	17	67	12	28	173	1	18	124
Gärten . .	1	3	100	1	1	151	1	—	13	—	17	1	—	17	1	—	—	—	—	—	—
Waldungen	87	16	113	87	16	113	87	16	113	38	18	198	38	18	198	15	—	274	10	8	283
Zusammen	**310**	**20**	**84**	**300**	**6**	**194**	**294**	**25**	**44**	**159**	**13**	**131**	**159**	**13**	**131**	**47**	**5**	**265**	**14**	**7**	**129**

kölmischen Hufen gemacht, auf deren eine 300 Morgen kommen, während die magdeburgische Hufe nur 180 Morgen zählt. Zu bemerken ist, daß in der genannten Tabelle die in Erbpacht ausgetanen, im Obereigentume der Stadt verbliebenen Besitzungen nicht aufgeführt sind. Das Eigentum an bebauten und unbebauten Grundstücken innerhalb des alten Stadtgebietes ist in der Tabelle nicht enthalten. Die Abnahme des Grundeigentums von 1775—1805 beruht auf Vererbpachtungen; an den daran

[1] In kölmischen Hufen = H, Morgen = M, Ruten = R.

betroffenen Grundstücken behielt jedoch die Stadt das Obereigentum. Von 1815 ab erfolgten dann die vollständigen Veräußerungen der Güter. Diese nahmen einen derartig schnellen Verlauf, daß bereits nach 18 Jahren das Grundeigentum auf weniger als den zehnten Teil desjenigen von 1815 reduziert worden war. Nach dem ersten, durch die revidierte Städteordnung von 1853 angeordneten, vom Magistrat der Stadtverordneten-Versammlung erstatteten Bericht über die Verwaltung und den Stand der Gemeindeangelegenheiten besaß die Stadt im Jahre 1854 außer den Verwaltungszwecken dienenden Grundstücken kein weiteres Grundeigentum.

Lange Jahrzehnte hindurch dachte niemand an den Erwerb von Grundstücken durch die Stadt außer von solchem, welches für die städtischen Betriebe und Veranstaltungen absolut notwendig war; doch deckte man nur den augenblicklichen Bedarf. Unter anderen wurde bei dem Ankauf des Grund und Bodens, der für einen neu zu errichtenden städtischen Betrieb erforderlich war, ein sehr günstiges Angebot abgelehnt, welches dahin ging, statt eines Teiles des betreffenden Rittergutes das ganze zu erwerben. Später mußte für Erweiterungen des Betriebes die notwendige geringe Fläche zu einem Preise erworben werden, der mit dem für das erste Grundstück erlegten Betrag die für das ganze Rittergut geforderte Summe noch überstieg.

Trotzdem das Stadtgebiet, welches damals nur aus dem von der Festung umgebenen Teile der heutigen Stadt bestand, immer enger bebaut wurde, die vorhandenen großen Gärten allmählich parzelliert und bebaut wurden, und der für städtische Zwecke nötige Neuerwerb von Grund und Boden dadurch sich immer kostspieliger gestalten mußte, so ging erst seit etwa 15 Jahren die Stadtverwaltung dazu über, Grundeigentum über den zeitweiligen dringendsten Bedarf hinaus zu erwerben und das nicht zu städtischen Zwecken gebrauchte Gelände zu parzellieren und zu veräußern. Drei derartige Maßnahmen, deren Verlauf von erheblichem Interesse sein dürften, sind hier darzustellen: Der Ankauf, die Parzellierung und der Verkauf der ehemaligen Wödeschen Gärtnerei auf dem Roßgarten, des früheren Löbenichtschen Hospitalgrundstückes und der Verkauf des Grundstückes der alten Gasanstalt nebst der Salzmagazinwiese.

Im Jahre 1893 wurde dem Magistrat das auf dem Roßgarten gelegene Terrain der sogenannten Wödeschen Gärtnerei zum Ankaufe angeboten. Der Umfang betrug rund 19800 qm. Zu diesem Grundstücke kamen außerdem noch drei Flächenabschnitte von zusammen 2160 qm Größe, welche zum Teil als Privatstraße benützt wurden, zum Angebot. Da das sogenannte Fahrenheidsche Armenstift, welches seit längerer Zeit auf dem

Grundstücke Sackheimer Hinterstraße 25 bestanden hatte, neu gebaut und erweitert werden mußte, ein Neubau auf dem alten Grundstücke nicht möglich war, so erschien der Ankauf dieses Geländes, welches geeignet lag und bei dem großen Umfange auch noch ausreichenden Raum für den neu zu erbauenden Stadthof bot, ganz besonders günstig, zumal der Kaufpreis im Gesamtbetrage von 140 000 Mk. (also etwa 6 Mk. für den Quadratmeter) recht mäßig war. Im Jahre 1893 kam der Ankauf zu stande. Die Stadt konnte das Terrain für ihre Zwecke zunächst nicht nutzen, daher mußte der Verkäufer sich verpflichten, dasselbe auf drei Jahre für jährlich 3000 Mk. zu pachten. Für das Fahrenheidsche Stift, den Städtischen Stadthof und die neuanzulegenden Straßen wurde das ganze Gelände nicht gebraucht. Daher mußte die Stadt versuchen, das übrig bleibende Terrain zu veräußern.

Zunächst bewarb sich 1895 der Allgemeine Wohnungsbauverein um drei Parzellen zur Erbauung von Arbeiterwohnhäusern. Die Stadtgemeinde stellte günstige Bedingungen, beschränkte den Kaufpreis auf ein geringes Maß, beanspruchte nur für den zehnten Teil des Kaufpreises Barzahlung und war bereit, die übrigen neun Zehntel als erste Hypothek auf dem Grundstücke längere Zeit stehen zu lassen. Da der Magistrat zur Steuerung der Wohnungsnot der unbemittelten Bevölkerung verlangte, daß mit der Bebauung möglichst bald begonnen werde, kam der Vertrag bei den geringen Mitteln des Vereins nicht zu stande. Die Stadtverordnetenversammlung ersuchte daher 1896 den Magistrat, das Gelände nach Aufstellung des Bebauungsplanes öffentlich auszubieten und zwar unter der ausdrücklichen Bedingung, daß auf demselben nur Arbeiterwohnhäuser gebaut werden. Die öffentlichen Ausschreibungen blieben zunächst ohne Erfolg. Nachdem der Neubau des Fahrenheidschen Stiftes nebst dem Stadthofe vollendet und ein Bebauungsplan für das Restgrundstück aufgestellt war, erfolgte 1899 eine weitere öffentliche Ausbietung; es wurden jedoch nur wenige und dazu noch äußerst niedrige Angebote abgegeben. Auch nachdem die auf dem Gelände neu angelegten Straßen gepflastert und mit Kanalisation, Wasser- und Gasleitung versehen worden waren, führten mehrere Ausbietungstermine zunächst noch nicht zu einem Ergebnis. Erst allmählich wurden einzelne Parzellen an Bauunternehmer veräußert, und es dauerte mehrere Jahre, bis das ganze verkaufbare Terrain veräußert werden konnte.

Im Jahre 1897 wurde der Stadt von der Provinzialverwaltung das Gelände des etwa zwischen dem Münchenhofplatz, der Klosterstraße, dem Neuen Markte und dem Pregel gelegenen Grundstückes des baufälligen

Löbenichtschen Hospitals angeboten, welches an anderer Stelle neu erbaut werden sollte. Der Kaufpreis wurde auf 620000 Mk. festgesetzt. Die Stadtgemeinde hatte ein erhebliches Interesse an dem Ankaufe dieses Terrains, da sie zur Schaffung einer Uferstraße am Pregel und zur Herrichtung von bisher in jener Gegend fehlenden und notwendigen Lösch- und Ladeplätzen für die Schiffe, welche vom oberen Pregel kommen und dorthin gehen und nicht die Brücken passieren wollen, dringend brauchte. Ferner konnte durch das Gelände eine Verbindungsstraße zwischen dem Münchenhof und dem Neuen Markte gelegt werden, welche neben der Uferstraße am Pregel den sehr bedeutenden Verkehr nach dem Osten und Nordosten der Stadt in der engen, mehrfach sich krümmenden und mit unbequemen Steigungen versehenen Löbenichtschen Langgasse aufnehmen sollte; in diese neue Verbindungsstraße waren außerdem die durch die Löbenichtsche Langgasse gehenden Straßenbahnlinien zu verlegen. Außerdem waren zwei Querstraßen auf dem Grundstücke vorzusehen. Diesen Vorschlägen des Magistrats stimmte die Stadtverordnetenversammlung zu, und so kam 1898 der Kaufvertrag zu stande. Die Auflassung erfolgte, da zunächst für das Hospital Ersatzbauten zu schaffen waren, am 30. September 1903. Unverzüglich wurde mit dem Abbruch der Gebäude und der Anlegung der neuen Straßen begonnen. Das Gelände wurde im Jahre 1903 öffentlich ausgeboten und zwar in Blocks; es kam aber zunächst nur ein Block zum Preise von 116 Mk. für 1 qm zum Verkaufe an einen Bauunternehmer. Außerhalb der öffentlichen Ausbietung erwarb in demselben Jahre die Königsberger Immobilien- und Baugesellschaft von der Stadt zwei Blocks unter folgenden wesentlichen Bedingungen: Die Gesellschaft kauft von der Stadt zwei Blocks in Größe von 2643 qm zum Preise von 145 Mk. für den Quadratmeter und gibt der Stadtgemeinde ein Grundstück von 179029 qm zum Preise von 2 Mk. für den Quadratmeter in Kauf (letzteres, im ehemaligen Gutsbezirk Amalienau belegene Grundstück grenzt an das städtische Gelände des früheren Gutsbezirks Neue Bleiche), außerdem erhält die Stadt den Verbindungsweg zwischen Neue Bleiche und dem längs des Pregels laufenden Holsteiner Treideldamm, den sog. Pulversteig, und zwar unentgeltlich wegen der auf ihm ruhenden Lasten.

Von den übrigen verkäuflichen Grundstücken sind bisher nur wenige verkauft; die meisten sind bis jetzt im Eigentum der Stadt verblieben.

Die innerhalb der Umwallung im südlichen Stadtgebiet gelegene Gasanstalt mußte bedeutend erweitert werden und konnte auf dem alten Gelände, auf welchem sie errichtet war, nicht verbleiben; sie wurde daher

— wie unten weiter ausgeführt wird — auf anderer Stelle neu erbaut. Neben dem Terrain der Gasanstalt lag die sogenannte Salzmagazinwiese, von welcher ein Teil der Stadt gehörte, ein anderer zur Abrundung des städtischen Grundeigentums in dieser Gegend dem Fiskus im Jahre 1902 für 720000 Mk. von der Stadtgemeinde angekauft wurde. Das gesamte, als Bauland zu verwendende Terrain setzte sich aus folgenden Grundstücken zusammen:

Die früher fiskalische Salzmagazinwiese .	etwa	34000	qm groß,
Die städtische Salzmagazinwiese . . .	„	27000	„ „
Das Gasanstaltsterrain	„	32300	„ „
Terrain eines zugeschütteten Grabens . .	„	3400	„ „
Zwei Grundstücke, von der Stadt angekauft	„	3900	„ „

Die Gesamtgröße betrug mithin rund 100600 qm. Von diesem Rohland wurden etwa 31000 qm für Anlegung von Straßen verwendet, 28552 qm behielt die Stadt für eigene Zwecke (Schulen, Turnhalle, Stadthof, Brausehalle, Markthalle), so daß — nach späterer genauer Vermessung — 41177 qm verkäuflich blieben.

Bereits im Jahre 1902 hatte sich unter Führung einer Königsberger Bank ein Konsortium gebildet, welches der Stadt anbot, 36490 qm zum Preise von 1538000 Mk. und unter Leistung eines Zuschusses von 400000 Mk. zum Aufschlusse des Terrains und zu den Straßenbaukosten anzukaufen. Der Magistrat nahm die Offerte an; die Stadtverordnetenversammlung lehnte sie jedoch ab und ersuchte den Magistrat, das Terrain öffentlich zum Verkaufe im ganzen, in Blocks oder in Parzellen auszubieten. Nach den Erfahrungen, welche die Stadt bei der Parzellierung und parzellenweisen Veräußerung des Geländes der Wödeschen Gärtnerei gemacht hatte (vgl. oben), erschien es sehr wünschenswert, daß das ganze Gelände an einen Käufer veräußert werde.

Die Ausbietung hatte das Ergebnis, daß sich nur wenige um einzelne Parzellen bewarben: ein Angebot bezog sich auf mehrere Blocks und ein weiteres auf nur einen Block. Ein Angebot auf das ganze verkäufliche Gelände war zunächst nicht eingegangen. Nachträglich machte die Terrain-Aktiengesellschaft Oberteich-Maraunenhof eine Offerte auf alle Blocks. Nach einigen Verhandlungen stimmte die Stadtverordnetenversammlung einem Antrage des Magistrats zu, nach welchem die Gesellschaft unter folgenden wesentlichen Bedingungen den Zuschlag im Mai 1903 erhielt: Die Gesellschaft übernimmt das gesamte Gelände von 41177 qm zum Preise von 44 Mk. für den Quadratmeter und leistet einen Beitrag von 18 Mk. für den Quadratmeter zu den Straßenherstellungskosten, so daß also der gesamte Kaufpreis 2 552 974 Mk. beträgt; sie überläßt in Anrechnung auf den Kaufpreis von ihrem in Maraunenhof (früherer, jetzt eingemeindeter Vorort Königsbergs) eine Fläche von 300 preußischen Morgen zum Preise von 1250 Mk. für den Morgen, also zum Gesamtpreise von 375 000 Mk. Die Käuferin hatte hiernach an die Stadtgemeinde 2 177 974 Mk. zu zahlen. Von diesem Betrage war bei Übergabe der einzelnen Blocks ein Fünftel bar zu zahlen, und der Rest als erste Hypothek auf die Grundstücke einzutragen. Die Kündigung der Hypotheken durch die Stadt konnte bei einem Teile des Terrains erst nach 3 Jahren, bei einem anderen erst nach 5 Jahren erfolgen.

Die Terraingesellschaft veräußerte das gekaufte Gelände bald weiter teils in Parzellen, teils in Blocks. Die Käufer der letzteren parzellierten ihr Terrain und verkauften es ihrerseits weiter.

Das Bestreben der Stadtgemeinde, kleinere Grundstücke, welche mitten in der Stadt liegen, und für ihre Zwecke nicht verwertbar sind, zu veräußern und dafür umfangreiches Gelände an der Peripherie des Weichbildes zu erwerben, ist neuerdings noch in besonderem Maße betätigt worden. Im Mai 1909 hat die Stadt das 107,65 ha große Gut Klein-Amalienau, das an den Stadtteil Amalienau angrenzt, erworben, obgleich es zum Teil im Landkreise Königsberg liegt, und zwar im Austausche gegen einen Baublock, welcher, am Hafen gelegen, von dem zur Regulierung von Straßen angekauften Grund und Boden übrig geblieben war und nur schwer veräußert werden konnte.

Auch sonst hat die städtische Verwaltung seit etwa 6 Jahren zahlreiches Grundeigentum teils außerhalb, teils innerhalb des Stadtgebietes erworben, um es künftig für eigene Zwecke verwerten oder es dem Staate für dessen Bauten, deren Verbleiben innerhalb der Stadt oder deren Verlegung in dieselbe erwünscht ist, anbieten zu können; auch Grundstücke, welche nicht für die genannten Zwecke dienen sollen und zu annehmbaren Preisen angeboten wurden, hat die Stadt angekauft.

Schließlich hat die Stadtverwaltung auch darauf hingewirkt, daß die von ihr verwalteten alten oder neuen Stiftungen Grundstücke erwarben. So ist denn, wie Tabelle 28 erweist, das von der Stadt verwaltete Grundeigentum seit 1903 erheblich gewachsen.

Als Grundstücksunternehmerin größten Stils wird die Stadtgemeinde bei dem Ankauf und der Verwertung des Geländes des inneren Festungsgürtels auftreten. Da die Entfestigung fast die gesamten wirtschaftlichen Verhältnisse Königsberg nachhaltig beeinflussen, und auch die soziale Zu-

Tabelle 28. Grundeigentum der Stadt Königsberg am Ende der Rechnungsjahre 1890 und 1903—1908.

Rechnungsjahr	Städtisches Grundeigentum					Grundeigentum von Stiftungen, die unter städtischer Aufsicht stehen
	innerhalb des Stadtgebietes			außerhalb des Stadtgebietes	überhaupt	
	bebaut ha	unbebaut ha	zusammen ha	ha	ha	ha
1890	21,00	137,00	158,00	306,00	**464,00**	7,90
1903	45,00	219,00	264,00	375,00	**639,00**	7,90
1904	45,50	233,50	279,00	522,00	**801,00**	7,90
1905	66,00	363,00	429,00	394,00[1]	**823,00**	16,78
1906	65,00	415,00	480,00	394,00	**874,00**	17,00
1907	65,00	455,00	520,00	592,00	**1112,00**	22,78
1908	74,00	473,00	547,00	607,00	**1154,00**	22,78

sammensetzung der Bevölkerung von Grund aus umwandeln dürfte, so sollen kurz die wichtigsten Punkte der betreffenden Vorlage des Magistrats an die Stadtverordnetenversammlung mitgeteilt werden.

Die Frage der Entfestigung Königsberg wurde bereits 1895 ventiliert. Bevor aber die Stadtgemeinde die innere Umwallung ankaufen konnte, mußte die Eingemeindung der Vororte erfolgen. Da nämlich ein nicht geringer Teil der Umwallung außerhalb des alten Stadtbezirkes liegt, so mußte die Stadt auch in der Lage sein, einen einheitlichen Bebauungsplan, insbesondere der Hauptverkehrszüge durchzuführen. Beim selbständigen Fortbestehen der Vorortsgemeinde wäre das jedenfalls gegen den Willen dieser Gemeinden nicht möglich gewesen. Die mit bedeutenden städtischen Opfern erworbene Befreiung von den Rayonbeschränkungen hätte einerseits fast ausschließlich den Vorortgemeinden Vorteile gewährt, andererseits wäre die Stadt nicht in der Lage gewesen, von den Eigentümern der Rayonländereien, welche bisher nur gärtnerisch oder landwirtschaftlich genützt werden durften, dann aber vollständig als Bauland verwertet werden konnten, Abgaben dafür zu erheben, daß ihnen lediglich durch die Verwaltungstätigkeit der Stadt eine außerordentliche Werterhöhung ihres Grund und Bodens in den Schoß fiel. Durch die am 1. April 1905 erfolgte Eingemeindung der Vororte konnte ferner eine Bauordnung, eine Wertzuwachssteuerordnung, die auch für die Vororte Gültigkeit haben

[1] Durch die am 1. April 1905 erfolgte Eingemeindung von Vororten kamen viele der Stadt gehörige, früher außerhalb gelegene Grundstücke in den Stadtbezirk; darauf beruht die Verringerung der außerhalb des Stadtgebietes belegenen Grundstücke.

und die Interessen der Einwohner der Innenstadt berücksichtigen sollten, eingeführt werden.

Das Entfestigungsgeschäft konnte die Stadt dem Fiskus in keiner Weise überlassen. Nur wenn sie es in eigene Hand nahm, konnte sie dahin wirken, daß bei der Bebauung für Licht und Luft der Einwohner gesorgt wurde. Was aber noch wichtiger ist, die Stadt kann nur dann dem Umstande vorbeugen, daß durch schleunige Erschließung des Festungsgeländes das Grundeigentum im Innern der Stadt plötzlich entwertet wird, und dadurch unübersehbare Nachteile eintreten, wenn sie selbst die Aufteilung und Veräußerung des Festungsgebietes übernimmt. Das Hauptziel der Entfestigung, die Schaffung ansprechender, den modernen Bedürfnissen genügender Stadtteile kann nur von der Stadt als Unternehmerin erwartet werden.

Nach längeren Verhandlungen einigten sich die Vertreter des Fiskus und der Stadt im April 1909 dahin, daß die Stadt von dem Gelände der Stadtumwallung rund 303 ha zum Preise von 29 Millionen Mark übernimmt. Die Zahlung erfolgt in 20 gleichen Jahresraten; die Stadt ist nicht verpflichtet, den Kaufpreis zu verzinsen. Der Beginn der Zahlung soll noch festgestellt werden, und zwar soll die erste Rate frühestens nach Ablauf des der Vertragschließung folgenden dritten Jahres gezahlt werden. Die Rayonbeschränkungen müssen im Interesse der Festung so lange aufrecht erhalten werden, bis die fortifikatorischen Ersatzbauten annähernd verteidigungsfähig sind; sie sollen nicht ohne vorherige Übereinkunft mit der Stadt fallen. Diese Verabredungen wurden Ende Juni 1909 von den städtischen Körperschaften einstimmig angenommen.

Der Kaufpreis und die Kosten der Abtragung der Wälle, Zuschüttung der Gräben usw. sollen aus den laufenden Einnahmen der Stadt bestritten werden. Nach den angestellten Berechnungen werden von dem der Stadt zu übereignenden Festungsgelände nach Abzug der für Straßen, Plätze und Schmuckanlagen erforderlichen Flächen und der für den Bau von staatlichen Dienstgebäuden angemeldeten Flächen rund 158 ha als Bauland benutzt werden können, auf dem insgesamt 74 000 Einwohner unterzubringen sind. Was das im ersten und zweiten Rayon belegene Gelände von insgesamt 1160,15 ha Größe anlangt, so sind 804,03 ha als Bauland zu verwenden, davon gehören der Stadt bereits 170,03 ha, der Rest von rund 634 ha steht in Privateigentum.

Die Kosten der Abtragung der Werke und der sonstigen Erschließung des Festungsgeländes dürften rund 25 Millionen Mark betragen, die von der Stadt aufzubringen sind. Die Entfestigungsarbeiten werden sich auf einen Zeitraum von 25 Jahren erstrecken. Die nächste Folge der Inangriffnahme der Entfestigung ist der Neubau des Bahnhofes, der viele Millionen kosten dürfte. Dann stehen eine Reihe von Staatsbauten auf dem jetzigen Festungsgelände in Aussicht. Infolge der Entfestigung werden somit 80—100 Millionen Mark allein für Bauausführungen im Stadtbezirke aufzuwenden sein; hinzu kommen noch die nicht geringen Aufwendungen für fortifikatorische Ersatzbauten. Der Anschluß der auf dem Festungsgelände zu errichtenden Bauten an die städtischen Werke, die Ausführung von Straßenbauten werden weitere bedeutende Summen erfordern. So wird, da der bedeutendste Teil der Aufwendungen für Löhne zu verausgaben sein wird, eine große Masse von Arbeitern in die Stadt gezogen werden. — Daß infolge der Entfestigung Handwerker zur Befriedigung der Bedürfnisse der neuen Bevölkerung in die Stadt einwandern, neue Geschäfte entstehen, Handel und Wandel einen großen Aufschwung nehmen werden, ist auszuführen nicht notwendig. Die Stadtgemeinde hat es fast allein in der Hand, mit ihrem schon vorhandenen bedeutenden Grundeigentum für eine anständige Unterbringung der neuen zu erwartenden Bevölkerung zu sorgen. Dabei wird sie imstande sein, durch Förderung der Einführung von rentablen industriellen Unternehmungen dem Abfluß der zugezogenen Arbeiterschaft zu begegnen, wenn die Bauten, die die Entfestigung zur Folge gehabt haben wird, beendet sein werden. Die eigenartigen Verhältnisse Königsbergs werden es mit sich bringen, daß die Unternehmertätigkeit der Stadt auf diesem Gebiete die Zukunft der wirtschaftlichen und sozialen Verhältnisse ihrer Bevölkerung bestimmen wird.

E. Die städtischen Unternehmungen.

Vorbemerkung.

Es ist schon schwierig eine vergleichende Rentabilitätsstatistik für verschiedene Unternehmungen selbst einer und derselben Stadtgemeinde aufzumachen; für mehrere Städte eine Vergleichbarkeit auf diesem Gebiete zu erzielen, ist bisher noch nicht gelungen. Die Buchungen, Abschreibungsmethoden usw. sind bei jeder Verwaltung und fast auch jedem Betriebe innerhalb derselben Verwaltung grundsätzlich verschieden. Die aufgestellten Bilanzen, Gewinn- und Verlustrechnungen, sowie die Vermögensaufstellungen sind daher ohne weiteres gar nicht mit einander vergleichbar. Demnach ist bei den folgenden Untersuchungen ein besonderes Verfahren beobachtet worden. Statt des Buchwertes der Anlagen ist, da dieser ja mit dem Laufe der Jahre sich immer mehr verringert, deren Anschaffungswert als ein Teil derjenigen Summe angenommen worden, von welcher die Verzinsung zu errechnen ist. Ein Taxwert kommt nicht in Frage, weil allgemeingültige Grundsätze für die Taxierung solcher Anlagen sich nicht aufstellen lassen, und eine solche Schätzung daher fast nur willkürlich sein kann. Zum Anschaffungswerte ist das in Effekten oder Hypotheken angelegte, also nicht in den Anlagen steckende, verfügbare Reservekapital hinzuzuzählen. Beide zusammen, Anschaffungswert und verfügbares Reservekapital bilden das Bruttovermögen, dessen Rentabilität es festzustellen gilt.

Die dem Bruttovermögen gegenüberzustellenden Beträge, der Bruttoüberschuß, setzen sich zusammen aus den für das Anleihekapital zu zahlenden Zinsen, den (sowohl in Forderungen, als auch in Erweiterungen der Betriebe angelegten) neuen Rücklagen, aus den an die Kämmereikasse gezahlten Beträgen, dem Werte der unentgeltlichen Leistungen an die Stadtgemeinde, den sonstigen Überschüssen und den Abschreibungen. Die letzteren sind deshalb hinzugezogen worden, weil die Abschreibungen in sehr verschiedenem Prozentsatze vom Anschaffungswerte der Anlagen bemessen werden, und weil sonst die Rentabilität eines Werkes, welches besonders gut wirtschaftet und sich bedeutende Abschreibungen leisten kann, ohne Berücksichtigung der Abschreibungen wider die Tatsachen geringer erschiene als diejenige eines Werkes, welches nur geringe oder gar keine Beträge abschreiben kann.

I. Die Gasanstalt.

1. Gründung und Entwicklung.

Die Gasanstalt wurde in erster Linie für den Ersatz der Straßenbeleuchtung mit Öllampen gegründet. Bereits im Jahre 1825 hatte die Imperial-Kontinental-Gas-Association in London, welcher vom Ministerium des Innern die öffentliche Beleuchtung mit Gas für Berlin übertragen war, sich an den Magistrat mit dem Antrage gewendet, auch in Königsberg eine Gasanstalt bauen und unterhalten zu dürfen. Dieser Antrag wurde abgelehnt, da die Kämmereikasse zur Bestreitung dergleichen Ausgaben nicht in der Lage sei. Weitere Anerbietungen in den folgenden zwei Jahrzehnten folgten; auf den Antrag eines Königsberger Kaufmanns J. F. Goullon im Jahre 1845, der die Errichtung und Unterhaltung der Gasanstalt durch eine englische Gasgesellschaft betraf, stellte die Stadtverordneten-Versammlung dem Magistrat anheim, weitere Verhandlungen fortzusetzen, weil die Einführung einer Gasbeleuchtung der Straßen ganz besonders erwünscht sei. Da die Straßenbeleuchtung mit Öllampen bis 1852 an einen Unternehmer vertraglich übergeben war, so konnte der Betrieb einer Gasanstalt vor Ablauf dieses Vertrages nicht in Frage kommen. Trotzdem trat sofort eine Komission zur Beratung über die dereinstige Straßenbeleuchtung mit Gas zusammen. Das Ergebnis der Beratungen faßte der Magistrat in einem im November 1845 an die Stadtverordneten-Versammlung gerichteten Antrag dahin zusammen, jede weitere Unterhandlung mit Unternehmern aufzugeben, Resultate zu sammeln, um eine Berechnung aufzustellen, welches Kapital zur Anlage einer Gasbeleuchtung, und welche Kosten zur Unterhaltung notwendig seien. Dem stimmten die Stadtverordneten zu. Auf Grund der Erfahrungen in anderen Städten legte der Stadtbaurat Böhm im Juni 1850 einen Kostenanschlag vor, nach welchem sich der Bau einer Steinkohlengasbereitungsanstalt für 600 Straßenlaternen und 1400 Privatgasflammen auf 724 515 Mk. stellen, und der Betrieb einen Jahresüberschuß von 32 415 Mk. ergeben würde. Auf Beschluß der Stadtverordneten-Versammlung vom 17. September 1850 wurde dem Baumeister Kühnell in Berlin, der die englische

Gasanstalt in Berlin projektiert, gebaut und lange Jahre geleitet hatte, der Bau übertragen. Nachdem im Januar 1852 der Konsens von der königlichen Regierung erteilt war, wurde die Straßenbeleuchtung mit 720 Laternen am 13. November 1852 eröffnet. Die Kämmereikasse erstattete bis 1860 der Gasanstalt jährlich 30 000 Mk. für die öffentliche Beleuchtung, welcher Betrag bisher von der Stadt für diesen Zweck aufgewendet werden mußte. Seit dem genannten Jahre erfolgt die Beleuchtung der Straßen unentgeltlich. Die Gasabgabe entwickelte sich verhältnismäßig schnell. Zu den öffentlichen Flammen traten bald Flammen für Privatbeleuchtung; seit 1886 erfolgte die Gasabgabe zu Koch- und Heizzwecken sowie für technische Zwecke (Motoren). Infolge der Bedarfssteigerung wurden auf dem Terrain der alten Gasanstalt, das im Laufe der Jahre mehrfach erweitert worden war, neue Anlagen erbaut. Da die Gasabgabe, die in sehr kurzer Zeit wider jede mögliche Voraussicht außerordentlich gestiegen war, eine Erweiterung der Anlagen zur Herstellung von Steinkohlengas nicht mehr möglich war, und die Erbauung einer neuen Gasanstalt auf anderem Terrain mehrere Jahre beanspruchte, so sah sich die städtische Verwaltung genötigt, im Jahre 1898 zur Wassergasbereitung überzugehen, um einer binnen kurzem sonst notwendig werdenden Beschränkung in der Gewährung von Gasanschlüssen vorbeugen zu können. Zu gleicher Zeit ging man an den Bau einer neuen Gasanstalt. Diese wurde außerhalb der Festungswerke auf einem in dem damaligen Vororte Amalienau am Pregel unterhalb der Eisenbahnbrücke belegenen Grundstücke geplant, und der Bau im Jahre 1900 in Angriff genommen. Im Juli 1902 begann auf dem neuen Werke die Gasproduktion, am 21. August 1902 wurde zum letzten Male auf dem alten Werke Gas erzeugt. Die Gesamtkosten der neuen Gasanstalt beliefen sich auf 8 362 831 Mk., die aus Anleihemitteln gedeckt worden sind.

Über die Entwicklung der Gasanstalt usw. gibt die Tabelle 29 Auskunft.

2. Die Tarifpolitik.

Bis zum Jahre 1886 bestand ein Einheitspreis von 20 Pf. für den Kubikmeter Gas, bei einem Verbrauch von 301 bis 3000 cbm im Jahre wurde ein Rabatt von 3 vom Hundert, bei einem solchen von über 3000 cbm ein solcher von 12 vom Hundert gewährt. Der Verwaltung des Ostbahnhofes wurde wegen des sehr starken Konsums ein Nachlaß von 20 vom Hundert der Jahresrechnung eingeräumt. Infolge des starken Anziehens der Kohlenpreise beabsichtigte der Magistrat 1873 eine Erhöhung des Gas-

Tabelle 29. Die Gasanstalt in den Jahren 1853—1898.

Jahr	Länge der Gasrohrleitungen m	Anzahl der Privatflammen	Anzahl der öffentl. Flammen	Vergaste Kohlen t	100 kg Kohlen ergaben ... cbm Gas	Erzeugtes Gas überhaupt cbm	Von dem erzeugten Gase entfallen auf öffentliche Beleuchtung cbm	Privatbeleuchtung cbm	technische Zwecke (Motoren) cbm	Koch- und Heizgas cbm
1853	.	.	720	.	.	.	.	.	—	—
1857	.	9 551	1028	.	.	.	.	.	—	—
1863	65 973	17 146	1069	.	.	.	.	.	—	—
1867	79 463	21 949	1107	.	.	.	.	.	—	—
1872	82 298	25 711	1109	11 441	28,70	3 284 225	634 566	2 360 882	—	—
1877	91 520	29 699	1268	13 704	28,38	3 890 185	693 223	2 839 049	—	—
1882	96 588	28 956	1348	14 761	30,91	4 563 349	824 234	3 251 306	—	—
1887	100 402	32 442	1511	16 333	28,67	4 682 496	1 091 011	2 881 481	102 191	11 278
1888	101 279	33 194	1549	16 776	29,02	4 867 829	1 140 467	3 110 004	118 816	29 984
1889	101 755	34 838	1586	16 672	29,19	4 866 319	1 218 666	3 055 362	144 065	40 892
1890	103 278	34 551	1617	17 522	28,86	4 999 540	1 228 080	3 039 020	147 509	54 741
1891	103 710	35 502	1647	16 853	29,70	5 006 835	1 331 499	2 919 111	152 498	79 106
1892	104 271	37 789	1678	17 072	29,44	5 052 362	1 351 131	2 831 873	205 706	133 472
1893	104 791	39 904	1701	18 072	29,81	5 387 506	1 377 274	3 085 674	239 842	179 993
1894	105 779	.	1739	18 713	29,68	5 553 945	1 388 646	3 092 200	256 285	263 610
1895	107 135	43 575	1788	19 347	29,02	5 614 082	1 417 445	2 949 320	251 670	358 957
1896	108 771	47 891	1889	20 896	29,42	6 147 560	1 314 463	3 179 211	309 388	521 083
1897	112 576	52 442	2158	22 272	30,41	6 773 390	1 146 154	3 519 381	350 973	670 846
1898	119 943	57 348	2643	24 479	30,41	1 785 330[1]	1 218 840	4 066 835	396 062	896 515
1899	126 224	63 958	3032	24 319	29,44	8 406 245	1 330 893	4 388 475	412 049	1 159 969
1900	132 619	70 576	3284	26 816	29,03	8 938 480	1 400 771	4 507 872	407 267	1 601 852
1901	130 418	80 232	3554	28 313	29,90	9 730 910	1 514 803	4 615 971	528 073	2 029 409
1902	136 404	89 419	3674	35 651	28,33	10 100 340	1 385 010	4 733 879	607 724	2 455 045
1903	150 040	164 034	3685	36 596	27,12	11 382 220	1 405 115	5 536 173	630 157	3 488 416
1904	159 246	129 384	3777	37 625	27,67	12 462 280	1 449 057	5 706 779	639 262	4 449 337
1905	181 402	158 630	4190	42 118	24,43	14 194 750	1 638 644	5 832 369	673 632	5 632 365
1906	190 234	186 571	4677	45 160	28,83	15 833 200	1 772 015	5 788 642	665 577	6 957 864
1907	212 251	217 042	5035	49 723	29,52	17 799 360	1 936 680	6 444 831	412 270	8 673 887
1908	218 833	238 539	5070	53 639	29,72	18 212 700	1 929 283	5 900 984	321 010	9 426 401

[1] einschl. Wassergas.

Tabelle 30. Die Menge der Nebenerzeugnisse der Gasanstalt 1903—1908.

Nebenerzeugnisse	1903 kg	1904 kg	1905 kg	1906 kg	1907 kg	1908 kg
Koks überhaupt	**24 595 641**	**24 722 732**	**27 618 187**	**30 415 807**	**33 157 928**	**35 647 749**
davon verkauft	17 763 870	17 596 100	15 763 700	20 824 003	25 250 480	25 612 151
Siebsel	2 258 903	2 451 360	3 248 480	4 226 585	4 395 900	5 219 762
Teer	1 477 034	1 532 800	1 732 700	1 994 694	2 052 916	2 335 020
Ammoniak . .	63 634	52 464	62 495	88 332	97 859	75 743
Cyan	26 211	27 304	25 701	31 527	27 071	83 003

preises um 10 Prozent, die jedoch nicht die Zustimmung der Stadtverordneten-Versammlung fand. Im Jahre 1876 wurde ein geringerer Tarif für solches Gas eingeführt, welches zu anderen als Beleuchtungszwecken verwendet wurde. Nach diesem betrug der Grundpreis 15 Pf. für den Kubikmeter Gas. Bei einem Jahreskonsum von 1000—2000 cbm wurde ein Rabatt von 2 Prozent, bei einem solchen von 2000—3000 cbm ein Nachlaß von 4 Prozent, bei einem solchen von 3000—4000 cbm ein Rabatt von 6 Prozent, bei einem solchen von 4000—5000 cbm ein Nachlaß von 8 Prozent und bei einem solchen von 5000 und mehr Kubikmeter ein Nachlaß von 10 Prozent gewährt. Voraussetzung für die Anwendbarkeit dieses Tarifes war, daß eine besondere Leitung von Gas für Nichtbeleuchtungszwecke eingerichtet, und ein besonderer Gasmesser aufgestellt wurde. Den Gasmesser lieferte übrigens nach den Gasabgabebedingungen die Stadt. Für das Legen des Zuleitungsrohres von dem Hauptrohr bis zum Grundstücke wurde ein Ersatz der Selbstkosten nicht beansprucht, sofern das Zuleitungsrohr bis zum Grundstücke die Länge von 2 m nicht überschritt. Die Zuführungsleitungen bis zum Gaszähler und die Leitung 1 m von diesem entfernt wurde ausschließlich auf Kosten des Konsumenten von der Stadt hergestellt. Auch die andere Gasleitung innerhalb des Gebäudes wurde auf Antrag von der Gasanstaltsverwaltung ausgeführt. Die Konsumenten waren auf Verlangen verpflichtet, für den Gasverbrauch eine Kaution zu erstellen.

Bei der Höhe des Gaspreises wurden verschiedene Anträge auf Ermäßigung des Grundpreises gestellt, die aber stets abgelehnt wurden. Erst nach Vervollkommnung der Petroleumlampen und der besseren Raffinierung des Petroleums, welche Tatsachen dem Gaslichte die früheren Vorzüge vor dem Petroleum nahmen und eine Abnahme des Gasverbrauchs befürchten ließen, veranlaßten den Magistrat im Dezember 1886 bei der Stadtverordneten-Versammlung eine Änderung des Gasabgabetarifs dahin vorzuschlagen, daß unter Fortfall jeglichen Rabattes der Preis für Leuchtgas mit 16 Pf. für den Kubikmeter und der für Gas zu anderen Zwecken auf 12 Pf. für den Kubikmeter festgesetzt werde. Die Stadtverordneten traten dem Beschluß bei. Im Jahre 1898 wurde gestattet, daß dort, wo dauernd mit Gas gekocht oder das Gas für Motore verwendet wird, für eine Gasflamme der Tarifpreis von 12 Pf. für 1 cbm Gas Anwendung findet.

Ein in vielen Punkten die früheren Gasabgabebedingungen ändernder Beschluß der städtischen Körperschaften erfolgte 1902. Um die Einführung des Gases zu erleichtern, wurde den Hauseigentümern freigestellt, die Gaszuleitungseinrichtungen zu mieten, und zwar für Steigeleitung und Stockwerk sowie für je angefangene 4 m innerhalb des Hauses liegende Zuleitung zur Steigeleitung gegen eine jährliche Gebrauchsgebühr von 1 Mk. für Steigeleitungen zum Gasverbrauch in Wohnungen und von 2 Mk. für Steigeleitungen zur Treppen- und Flurbeleuchtung. Der Anschluß an das Rohrnetz bis zum Grundstück wird unentgeltlich ausgeführt. Die Gasmesser sind vom Verbraucher entweder auf eigene Kosten anzuschaffen oder von der Gasanstalt zu mieten. Aus Gasmessern für 12 Pfennig-Gas dürfen 2 Leuchtflammen gespeist werden.

Im November 1904 wurde der Gaspreis für Beleuchtung von Treppen, Hausfluren und Höfen von Wohnhäusern auf 12 Pf. ermäßigt. Es wurden später noch folgende Änderungen beschlossen: Im Jahre 1908 wurde die Miete von Gasmessern, namentlich die von großen, erhöht; um die Gasheizung mehr einzuführen, wird seit Juni 1909 bei Gas zum Heizen in den Wintermonaten Oktober bis einschließlich April auf den 150 cbm im Monat übersteigenden Gasverbrauch ein Rabatt von 20 vom Hundert gewährt.

Beim Verkauf der Nebenprodukte konnten, da die Stadt gegenüber den in Betracht kommenden Konsumenten keine Monopolstellung hat, keine Tarifpreise aufgestellt werden. Die Gasanstalt strebt allerdings dahin, nach Lage des Marktes bzw. der Absatzmöglichkeit einen möglichst hohen Preis zu erzielen. Bei Koks werden mit den Großabnehmern die bei Vermeidung einer Konventionalstrafe einzuhaltenden Detailpreise vereinbart. Die Gasanstalt gibt an kleinere Abnehmer ebenfalls Koks ab, aber zu Preisen, die sich häufig höher stellen, als die der Kohlengeschäfte namentlich hinsichtlich der Anfuhrbedingungen. Arbeiter und Angestellte der Gasanstalt erhalten Koks zum Selbstkostenpreis.

Das Cyan, das als Cyanschlamm oder Cyanpreßgut abgesetzt wird,

Tabelle 31. Die Einnahmen für die Erzeugnisse der Gasanstalt 1903—1908.

Einnahmen für Erzeugnisse und deren Gegenstand	1903 Mk.	1904 Mk.	1905 Mk.	1906 Mk.	1907 Mk.	1908 Mk.
Einnahmen überh.[1]	**1 997 367**	**1 932 320**	**2 087 573**	**2 231 159**	**2 631 319**	**2 785 882**
davon entfallen auf						
Gas	1 514 401	1 430 539	1 611 432	1 676 115	1 875 786	1 961 647
Koks und Siebsel	365 971	377 828	345 836	399 995	593 081	680 874
Teer	44 664	44 654	42 378	47 411	61 298	61 493
Ammoniak . . .	38 306	38 758	50 382	63 452	63 719	53 790
Cyan	2 623	8 620	3 300	6 436	5 649	4 206
Verschiedene Erzeugnisse . .	21 402	31 921	34 245	37 750	31 786	23 872

wird auf ein- oder mehrjährige Verträge einem Großabnehmer abgegeben. In diesen Verträgen wird der Cyangehalt der Ware als Berliner Blau umgerechnet, wobei ein bestimmter Grundpreis festgesetzt wird. Der Abnahmpreis bewegt sich um diesen Grundpreis nach oben oder nach unten im Verhältnis zu dem Steigen und Fallen des an der Börse zu Frankfurt a. M. notierten Preises für das sogenannte Gelbkali.

Das als Salz hergestellte Ammoniak wird freihändig verkauft; der Preis richtet sich nach den Notierungen in Hull. Das in Gestalt von konzentriertem Wasser gewonnene Ammoniak wird auf Grund langfristiger Verträge an bestimmte Abnehmer veräußert. Mit diesen wird ein bestimmter Grundpreis nach Maßgabe des Durchschnittspreises von schwefelsaurem Ammoniak in Hull vereinbart. Der vom Abnehmer zu zahlende Preis für das gelieferte Ammoniak erhöht oder ermäßigt sich um einen bestimmten Betrag, je nachdem der Preis in Hull steigt oder sinkt.

Teer wird, wenn möglich, auf längere Zeit gegen Vertrag abgegeben, jedoch ohne Vereinbarung eines Standardpreises und eines nach bestimmten Grundsätzen schwankenden Zuschlages oder Abzuges.

3. Die Finanzgebarung.

Wie schon eingangs bemerkt ist, waren die städtischen Körperschaften von der Projektierung der Gasanstalt an darauf bedacht, sie als Unternehmung zu behandeln, d. h. den Gasabgabepreis so hoch zu stellen, daß

[1] Ausschließlich der Kosten der öffentlichen Beleuchtung, die von der Stadt nicht erstattet werden.

aus den Einnahmen nicht nur die gesamten Betriebskosten und die Verzinsung und Amortisierung des Anlagekapitals herausgewirtschaftet werden, sondern daß sich darüber hinaus noch ein Gewinn ergibt, der für andere städtische Bedürfnisse verwendet werden kann. Zu dem Gewinn, den die Gasanstalt abgeliefert hat, sind auch die Kosten der öffentlichen Beleuchtung hinzuzurechnen, welche, wie erwähnt, die Gasanstalt seit 1862 der Stadt unentgeltlich leistet. Da die Stadt an sich verpflichtet ist, ihre Straßen ausreichend zu beleuchten, sie daher natürlich auch die dadurch entstehenden Kosten zu tragen hat, so bedeutet es für sie einen Reingewinn, wenn ihr diese Ausgaben erspart werden. Über den Ersatz der Kosten der öffentlichen Beleuchtung hinaus hat die Gasanstalt in der Zeit von 1862—1902 aus ihren Reineinnahmen auch noch insgesamt 6 488 200 Mk. an die Kämmereikasse abgeliefert, im Jahresdurchschnitte also rund 160 000 Mk. Im Jahre 1903 wurde die sogenannte Straßenmiete als eine in jedem Jahre auf jeden Fall an die Stadthauptkasse abzuliefernde Summe eingeführt; sie soll eine Abgabe der Gasanstalt für die Benutzung der der Stadt gehörenden Straßen und Plätze zu den Rohrleitungen sein. Hierbei ist zu bemerken, daß das Straßenpflaster durch das Aufreißen zum Zwecke der Verlegung der Gasleitungsröhren trotz seiner Wiederherstellung leidet. Denn der unter dem Pflaster liegende Erdboden wird durch das Aufgraben gelockert und ist nicht wieder so fest zu stampfen, daß er die frühere Festigkeit erlangt. An den Stellen, an welchen sich die Baugruben befunden haben, senkt sich das Pflaster nachträglich, wodurch häufige Wiederherstellungen des Pflasters notwendig werden. Daher steckt in der Straßenmiete außer einer festen Einnahme der Stadtgemeinde aus ihrem Gasanstaltsunternehmen auch ein Ersatz für die Verschlechterung des Pflasters und dessen Reparaturen. Diese Straßenmiete betrug in den Jahren 1902—1904 je 100 000 Mk., 1905 150 000 Mk., 1906 220 000 Mk., 1907 und 1908 je 400 000 Mk.; in dem Etat für 1909 ist sie auf 500 000 Mk. erhöht worden.

Unter den Einnahmen sind diejenigen für die Erzeugnisse der Gasanstalt die wichtigsten, diejenigen für die Ausführung von Arbeiten für fremde Rechnung sind nur Ersatz der Auslagen der Verwaltung. Unter den Einnahmen für die Erzeugnisse nimmt, wie wir aus Tabelle 31 ersehen, diejenige für Gas natürlich die erste Stelle ein. Nennenswert ist daneben nur noch der Erlös aus dem Verkaufe von Koks und Siebsel, machte dieser doch 1908, in welchem Jahre ein besonders hoher Kokspreis erzielt werden konnte, rund 24 vom Hundert aller Einnahmen aus. Der Erlös für Teer und der für Ammoniak ist fast zehnmal so gering als der für

Tabelle 32. Vermögensstand und Rentabilität der Gasanstalt 1903—1908.

Schilderungsgegenstand	1903 Mk.	1904 Mk.	1905 Mk.	1906 Mk.	1907 Mk.	1908 Mk.
A. Vermögen.						
Anschaffungswert der Anlagen	7 925 850	8 864 468	9 105 247	9 479 422	10 851 290	11 366 774
Reservefonds in bar oder Effekten	131 234	72 873	133 933	219 617	219 617	213 936
Zusammen Bruttovermögen .	**8 057 084**	**8 937 341**	**9 239 180**	**9 699 039**	**11 070 907**	**11 580 710**
Schulden	6 854 649	6 873 089	6 879 790	7 160 529	7 822 389	7 955 878
Reinvermögen	1 202 435	2 064 252	2 359 390	2 538 510	3 248 518	3 624 832
B. Bruttoüberschüsse.						
Abschreibungen	414 704	448 879	476 258	550 849	571 179	567 321
Verzinsung	272 639	282 392	281 908	297 916	325 474	311 361
Neue Rücklagen	188 325	66 783	42 279	—	17 194	—
Leistungen an die Stadt:						
Kosten d. öffentl. Beleuchtung	283 047	283 320	341 992	409 010	441 366	362 522
Straßenmiete	100 000	100 000	150 000	220 000	300 000	400 000
Zusammen	1 258 715	1 181 374	1 292 437	1 477 775	1 655 213	1 641 204
Entnahme aus Rücklagen . .	—	—	—	217 719	—	18 787
Bruttoüberschüsse:						
überhaupt.	**1 258 715**	**1 181 374**	**1 292 437**	**1 260 056**	**1 655 213**	**1 622 417**
v. H. des Bruttovermögens	15,62	13,22	13,99	12,99	14,95	14,01

Koks und Siebsel; er ist außerdem Schwankungen ausgesetzt. Die Einnahme aus der Cyangewinnung spielt eine ganz untergeordnete Rolle.

In Tabelle 32 bringen wir die Entwicklung des Vermögensstandes und der Rentabilität der Gasanstalt während der letzten sechs Jahre, also seit dem Jahre, in welchem zum ersten Male die neue Gasanstalt die ganze Zeit hindurch in Betrieb war. Was zunächst den Anschaffungswert der Anlagen anbetrifft, so dürfte dieser zu niedrig angegeben sein, da sich der volle Anschaffungswert der von der alten Gasanstalt übernommenen Rohrleitungen und Gasmesser nur durch sehr umfangreiche und zeitraubende Berechnungen hätte feststellen lassen. Die Rentabilität der Gasanstalt erscheint nach diesen Angaben günstig. Die sich hierbei ergebenden Schwankungen sind darauf zurückzuführen, daß infolge der Eingemeindung der Vororte, in welchen die Bebauung gering ist, und die Abnehmerschaft sich in engen Grenzen hält, die Kosten der Anlagen und ihrer Unterhaltung gewachsen sind, während die Einnahmen damit nicht im gleichen Schritte folgen konnten.

II. Das städtische Elektrizitätswerk.

1. Gründung und Entwicklung.

Im Herbst 1883 wandte sich die (damals Deutsche Edinson-Gesellschaft genannte) Allgemeine Elektrizitäts-Gesellschaft in Berlin an den Magistrat mit dem Antrage, ihr die Genehmigung zur Anlage einer Elektrizitätszentrale in Königsberg zu erteilen; dieser Antrag wurde abgelehnt, weil der Gasanstalt aus dem Elektrizitätswerk ein Konkurrenzunternehmen erwachsen wäre. Nicht lange darauf entstanden mehrere Privatanlagen zur Erzeugung von Elektrizität für den eigenen Bedarf in Restaurants und Geschäften. Wenn der Gasverbrauch auch nicht zurückging, so verlangsamte sich doch dessen Zunahme bald recht merklich. Neben einer Verbilligung des Gases wurde daher, um das Weiterumsichgreifen von privaten Elektrizitätsanlagen zu verhindern, die Errichtung eines Elektrizitätswerkes zum Zweck der Abgabe von Strom an Private ernsthaft ins Auge gefaßt. Zunächst bestanden jedoch Meinungsverschiedenheiten darüber, ob das Werk von der Stadt erbaut und betrieben werden solle, oder ob man versuchen sollte, einen Privatunternehmer für Bau und Betrieb zu finden, der zu Abgaben an die Stadt zu verpflichten wäre. Es wurde zunächst bei den für elektrisches Licht in Betracht kommenden Konsumenten eine Umfrage über den etwaigen Verbrauch erlassen; die Antworten fielen wohl wegen des in Aussicht genommenen hohen Preises für das elektrische Licht nicht gerade günstig aus. Trotzdem erschien die Errichtung eines Elektrizitätswerkes als dringend notwendig. Auf eine entsprechende Ausschreibung liefen zwar sehr zahlreiche Angebote von allen namhafteren Elektrizitätsfirmen ein, von denen jedoch alle nur die Belegung der Hauptstraßen mit Kabeln und einen Anschluß von 2000—3000 Lampen mit einem kleinen Netze von höchstens 700 m Entfernung von der Zentrale ab vorsahen. Daher beschloß der Magistrat im Oktober 1888, eine Zentralanlage zur Abgabe von elektrischem Strom zu Beleuchtungszwecken auf städtische Kosten zu bauen und auf städtische Rechnung zu betreiben; in der Magistratsvorlage an die Stadtverordneten-Versammlung wurde betont, daß die Anstalt in den ersten Jahren Zuschüsse erfordern werde. Die Stadtverordneten-Versammlung schloß sich dem Magistratsantrage an.

Das generelle Projekt sah als Bauplatz das der Stadt gehörige Grundstück der ehemaligen Malzmühle vor; das allmählich auszubauende Netz sollte einem Bedarf von 20 000 Glühlampen gerecht werden können und das gesamte damalige Stadtgebiet umfassen. Die Maschinenanlage sollte zunächst alternativ für 4000, 6000 und 8000 Lampen zu 16 Hefnerkerzen angenommen werden, d. h. für eine Maschinenkraft von 400, 600 und 800 Pferdestärken nebst der erforderlichen Reserve. Es wurde somit von vornherein ein weit größerer Betrieb ins Auge gefaßt, als es die oben erwähnten eingereichten Projekte vorgesehen hatten, und ganz besonders hatte die Stadtverwaltung eine bedeutende Erweiterungsmöglichkeit nicht außer acht gelassen. Vorausnehmend sei bemerkt, daß bereits das erste Betriebsjahr das schließliche Eingehen der Stadtverwaltung auf das weitergehende Projekt gerechtfertigt hat; denn von den für den Bau und Betrieb eines Elektrizitätswerkes eingegangenen Projekten war keines, welches selbst dem Bedarf des ersten Betriebsjahres auch nur annähernd hätte genügen können. Es ist dadurch auch das Vorgehen der Stadtgemeinde gerechtfertigt, den Bau des Werkes selbst zu unternehmen, denn ein Privatunternehmer hätte ein nicht erweiterungsfähiges Werk errichtet, welches infolge seiner verhältnismäßig geringeren Anlagekosten ihm eine größere Rente abwerfen konnte, nur den Bedürfnissen weniger Konsumenten genügt hätte, und welches die Stadt bei späterem Ankauf zu einem vollständigen Um- und Neubau genötigt haben würde [1].

Das weitgehende Projekt war bei dem damaligen Stande der Technik mit Anwendung des Dreileitersystems nicht ohne übergroße finanzielle Belastung durchführbar, die dasselbe daher als wirtschaftlich unmöglich hinstellte. Demnach wurde das von Dr. Krieger ausgearbeitete Fünfleitersystem gewählt, welches bei der gleichen Kupfermasse doppelt so viel Lampen mit Energie zu versorgen vermag als das Dreileitersystem. Das spezielle Projekt, welches die weitere Ausdehnungsfähigkeit des ganzen Werkes im Auge behielt, schälte aus dem projektierten Gesamtnetze denjenigen Teil heraus, der dem zunächst vorauszusehenden Bedürfnisse entsprach, und beschränkte sich auf eine Maschinenkraft von 600—700 Pferdestärken maximal, die einem Bedarf von rund 6000 Lampen entspricht. Dabei stellte es sich heraus, daß dieses Projekt einen höheren Kostenaufwand erfordern würde als die Projekte, welche auf die oben erwähnte Ausschreibung von privaten Firmen eingegangen waren. Das ließ die Rentabilität der Anlage zweifelhaft erscheinen. Da überdies unsicher war, ob ein stärkerer Konsum von elektrischer Energie eintreten würde, und da ein so hoher Preis für Stromlieferung, wie ihn andere Städte eingeführt hatten, für Königsberger Verhältnisse zu hoch war, um einen zahlreichen Anschluß voraussehen zu können, und das Fünfleitersystem für

[1] „Bericht über die Verwaltung und den Stand der Gemeindeangelegenheiten der königlichen Haupt- und Residenzstadt Königsberg i. Pr. für 1890" S. 105.

Tabelle 33. Anschlußwerte des Elektrizitätswerkes am Ende der Rechnungsjahre 1899—1908.

Gegenstand (Anschlußwerte in Kilowatt)	1899	1900	1901	1902	1903	1904	1905	1906	1907	1908
Angeschlossene Zähler	928	1 072	1 022	1 378	1 512	1 604	2 402	3 286	4 232	5 268
Private Glühlampen: Zahl	24 033	26 381	29 502	32 514	33 965	33 846	40 530	46 545	54 483	64 946
Private Glühlampen: Anschlußwert	1270,37	1346,83	1576,78	1723,19	1789,48	1777,35	2072,85	2362,49	2680,39	3113,5
Private Bogenlampen: Zahl	722	717	823	996	1122	1111	1292	1451	1476	1585
Private Bogenlampen: Anschlußwert	309,96	302,83	379,40	457,66	525,18	542,33	650,04	707,66	723,77	780,6
Der öffentlichen Beleuchtung: Glühlampen: Zahl	3	3	4	4	4	6	91	142	148	166
Der öffentlichen Beleuchtung: Glühlampen: Anschlußwert	0,20	0,20	0,31	0,31	0,31	0,58	4,73	6,47	7,05	9,4
Der öffentlichen Beleuchtung: Bogenlampen: Zahl	6	9	15	15	15	15	34	48	46	73
Der öffentlichen Beleuchtung: Bogenlampen: Anschlußwert	3,62	4,42	7,23	6,05	6,05	6,05	16,05	23,32	26,81	38,5
Motoren: Zahl	187	238	287	343	416	484	570	679	787	873
Motoren: Anschlußwert	482,42	558,92	664,45	921,96	1041,63	1509,23	1899,72	2062,43	2328,35	2503,2
Motoren: Leistungsfähigkeit P. S.	567,55	657,55	781,70	1084,65	1223,70	1723,74	2185,83	2456,05	2762,92	2890
Sonstige Anschlußwerte	34,51	34,55	40,91	48,27	56,29	299,69	329,33	410,73	417,95	217,0
Anschlußwerte des Eigenverbrauchs	20,86	23,01	26,06	27,50	33,87	51,48	54,23	54,95	57,28	60,2
Anschlußwert der Straßenbahn	623,30	1164,80	2620,70	3444,20	3477,40	3489,25	3486,85	3486,85	3486,85	3495,2
Gesamter Anschlußwert: überhaupt	**2745,73**	**3435,56**	**5315,83**	**6629,13**	**6930,21**	**7672,87**	**8493,61**	**9114,88**	**9728,45**	**10 284**
Gesamter Anschlußwert: auf 1000 Einwohner	**14,59**	**18,27**	**28,00**	**34,47**	**35,68**	**38,96**	**42,52**	**45,65**	**48,36**	**50,3**
davon entfallen auf:										
Licht	8,5	8,86	10,39	11,42	12,01	11,38	13,73	15,62	17,19	19,5
Kraft	2,76	3,18	3,73	5,07	5,68	9,25	11,23	12,46	13,73	13,5
Straßenbahn	3,33	6,24	13,87	17,98	17,99	17,83	17,56	17,57	17.45	17,3

Tabelle 34. Leistungen des Elektrizitätswerkes während der Rechnungsjahre 1899—1908.

Schilderungsgegenstand.	1899	1900	1901	1902	1903	1904	1905	1906	1907	1908
A. Kohlenverbrauch der Kessel u. dgl.										
Verbrauchte Kohlen tons	5052,5	5431,5	6460,1	7574,2	7473,3	7399,2	8471,9	10 043,8	10 405,8	11 432,6
Heizwert von 1 kg Kohlen W. E.	.	6100	6070	5905	6135	6215	6164	5 895	5 834	5 914
Auf die W. E. nutzbar erzeugte Wattstunden	.	0,0501	0,0678	0,0756	0,0753	0,0789	0 0776	0,0813	0,0777	0,0795
Auf die W. E. nutzbar abgegebene Wattstde.	.	0,0475	0,0656	0,0740	0,0749	0,0776	0,0765	0,0801	0,0758	0,0775
B. Nutzbare Energieerzeugung										
im Lichtnetz Kwst.[1]	911 103	976 553	1 075 251	1 263 794	1 374 436	1 362 491	1 581 554	2 010 739	2 353 415	2 847 974
im Bahnnetz Kwst.	518 722	708 408	1 613 208	2 147 370	2 116 618	2 297 086	2 496 750	2 836 098	2 394 812	2 855 397
Zusammen Kwst.[1]	**1 403 592**	**1 659 846**	**2 679 317**	**3 379 370**	**3 456 325**	**3 714 230**	**4 148 686**	**4 913 002**	**4 735 482**	**5 671 011**
C. Energieabgabe an das Leitungsnetz in Kilowattstunden.										
Energieabgabe an die Sammelschienen im Lichtnetz überhaupt	798 020	891 537	994 554	1 186 429	1 311 272	1 302 231	1 552 525	1 938 812	2 241 716	2 714 176
Energieabgabe an die Sammelschienen im Lichtnetz Max. in 24 Stunden	5 503	5 900	6 312	7 317	7 891	8 137	9 305	9 910	12 112	14 218
Energieabgabe an die Sammelschienen im Bahnnetz überhaupt	518 722	708 408	1 613 208	2 147 370	2 116 618	2 297 086	2 496 750	2 836 098	2 394 812	2 825 392
Energieabgabe an die Sammelschienen im Bahnnetz Max. in 24 Stunden	2 095	3 339	6 852	8 226	8 50[illegible]	9 716	10 533	11 356	10 274	12 831
Nutzbar den Abnehmern zugeführte Energie: Beleuchtung von Räumen Lichtnetz	531 095	574 241	620 403	742 252	827 132	781 315	972 655	1 270 332	1 497 419	1 801 178
Beleuchtung von Räumen Bahnnetz	582	215	498	1 420	15 461	31 601	35 576	36 540	45 931	41 603
öffentliche Beleuchtung Lichtnetz	6 141	7 141	14 404	11 852	11 577	12 344	24 275	45 182	48 900	66 915
öffentliche Beleuchtung Bahnnetz	.	.	.	.	.	.	12 000	11 173	17 721	21 369
Kraft Lichtnetz	173 195	216 204	245 801	264 652	283 518	314 318	311 579	316 944	328 077	391 117
Kraft Bahnnetz	24 443	46 454	52 995	116 658	176 229	201 248	282 948	349 457	419 655	424 385
Eigenverbrauch	29 290	30 467	47 248	68 932	48 468	46 429	54 080	64 636	80 429	105 072
Straßenbahn	493 697	660 739	1 559 715	2 029 292	1 924 928	2 025 888	2 108 787	2 370 129	2 250 544	2 236 180
Ladestrom f. d. Elektriz.-Außenw.	.	.	.	.	.	85 517	100 926	97 807	20 245	1 030
im ganzen Lichtnetz	**739 721**	**828 053**	**927 856**	**1 087 688**	**1 170 695**	**1 142 804**	**1 350 690**	**1 683 714**	**1 951 631**	**2 357 658**
im ganzen Bahnnetz	**518 722**	**708 408**	**1 013 208**	**2 147 370**	**2 116 618**	**2 297 086**	**2 479 700**	**2 807 098**	**2 757 281**	**2 731 191**
Nutzbar zugeführte Energie überhaupt	**1 258 443**	**1 536 451**	**2 541 064**	**3 235 058**	**3 287 313**	**3 439 890**	**3 830 390**	**4 490 812**	**4 708 912**	**5 008 849**
Nutzbar zugeführte Energie auf 1000 Einw.	**6571,2**	**8054,9**	**13 197,9**	**16 553,1**	**16 755,5**	**17 209,3**	**18 883,1**	**22 169,7**	**23 041,0**	**24 692**
davon entfallen auf Beleuchtung von Räumen	2843,1	3071,7	3286,0	3 883,4	4 359,0	4 155,5	5 079,9	6 585,1	7 716,6	9 130
davon entfallen auf öffentliche Beleuchtung	31,1	38,2	76,2	61,9	59,9	63,1	182,8	284,0	333,1	437
davon entfallen auf Kraft	1056,9	1406,6	1581,3	1 991,1	2 378,4	2 635,3	2 995,5	3 357,9	3 738,6	4 046
davon entfallen auf die Straßenbahn	2640,1	3538,4	8254,4	10 596,7	9 958,2	10 355,6	10 624,9	11 942,7	11 252,7	11 079

[1] Einschließlich Nebenschlußstrom für das Bahnnetz, der in der Summe als nicht unmittelbar nutzbar fortgelassen ist.

ein großes Werk damals noch nicht erprobt war, so beantragte der Magistrat am 18. Februar 1889 bei der Stadtverordneten-Versammlung, von dem gefaßten Beschluß, ein Elektrizitätswerk auf Rechnung der Stadt zu bauen und zu betreiben, abzusehen, und die Ausführung und den Betrieb einer oder mehrerer Stationen zur Lieferung von elektrischem Strom an Privatunternehmer zu übertragen. Diesen Antrag lehnte die Stadtverordneten-Versammlung in namentlicher Abstimmung mit 81 gegen 3 Stimmen ab und hielt den früheren Beschluß aufrecht. Der großen Majorität fügte sich schließlich der Magistrat.

Der Bau der ganzen Anlage wurde alsbald in Angriff genommen und so gefördert, daß der Betrieb am 11. November 1890 eröffnet werden konnte. Das Werk erfuhr namentlich seit Übernahme der alten Pferdebahnstrecken innerhalb der Umwallung durch die Stadtgemeinde eine schnelle und bedeutende Entwicklung. Diese wird für die Zeit von 1899 bis 1908 durch die Tabelle 33 näher dargestellt. Erwähnt sei noch, daß die Eingemeindung von 1905 den Verbrauch elektrischer Energie ganz bedeutend gesteigert hat und voraussichtlich noch mehr steigern wird. Da das im Zentrum der Stadt belegene Grundstück, auf dem das alte Elektrizitätswerk steht, in absehbarer Zeit für die Aufstellung weiterer Maschinen, Kessel und Akkumulatoren nicht ausreichen wird, so ist außerhalb der Festungswälle auf eingemeindetem Gebiet am Holsteiner Damm, dicht am Pregel, das sogenannte Elektrizitäts-Außenwerk errichtet und im Juni 1907, allerdings nur teilweise, in Betrieb genommen worden. Über die Leistung der Elektrizitätsanlagen gibt Tabelle 34 erschöpfende Auskunft. Mit der Übernahme der gesamten Anlagen der Königsberger Straßenbahn-Aktiengesellschaft am 1. Juli 1909 erwarb die Stadt auch das Elektrizitätswerk im Stadtteil Mittelhufen. Dieses wird von der Stadt noch weiter betrieben werden zur Versorgung der westlichen und südwestlichen Vororte, während das Elektrizitäts-Innenwerk die Energie an das andere Stadtgebiet liefern soll. Das Elektrizitäts-Außenwerk soll den südlichen Teil der Stadt mit elektrischer Energie versorgen und zur ausschließlichen Erzeugung des Stromes für die elektrische Straßenbahn dienen. Die in der Einleitung erwähnte Anleihe sieht den Bau einer mit dem Elektrizitäts-Außenwerk zu verbindenden Müllverbrennungsanlage vor. Diese soll dem Werk die erforderliche Menge Dampf zum Betriebe der Dynamos liefern.

2. Die Tarifpolitik.

Zum Verständnis und ausreichenden Beurteilung der verschiedenen Änderungen der ersten Tarife für die Abgabe von elektrischer Energie sind zunächst noch folgende Angaben zu machen.

Es betrug

am 1. April des Jahres	die Anzahl der Abnehmer	Glühlampen	angeschlossenen Bogenlampen	Motoren	der Motoren Pferdestärke	die Länge der belegten Strecken m
1891	.	1 760	125	—	—	11 379
1892	168	4 447	281	1	5,5	12 202
1893	218	5 901	355	7	7,9	12 222
1894	250	7 040	396	14	8,6	12 562
1895	290	8 521	438	16	21,2	13 336
1896	321	9 987	474	26	46,8	13 494
1897	411	13 151	573	46	107,7	16 605
1898	592	16 342	659	102	230,3	18 650.

Was nun die Abgabe von elektrischer Energie anlangt, so stellt sie sich

im Rechnungsjahre	insgesamt	davon für Licht	davon für Kraft	bei höchster Tagesabgabe	bei durchschnittlicher Tagesabgabe
	auf	. . . .	Ampèrestunden		
1890	**239 638**	239 638	—	4 500	—
1891	**1 257 870**	1 226 660	31 210	11 500	—
1892	**1 816 918**	1 778 650	38 268	14 200	—
1893	**2 042 165**	2 005 520	36 645	14 700	—
1894	**2 252 200**	2 210 354	41 846	15 950	6 170
1895	**2 621 570**	2 542 894	78 676	17 418	7 182
1896	**3 017 850**	2 768 692	249 158	22 605	8 268
1897	**4 540 937** [1]	3 763 447	593 186	32 400	11 936.

Ehe wir nun zu dem eigentlichen Elektrizitätstarife und seinen Änderungen übergehen, seien noch folgende Bemerkungen über die Ausführung von Leitungen für Private durch die Stadt und die sonstigen Bedingungen der Stromlieferung gestattet, wie sie jetzt bestehen und nur wenig und unwesentlich von den früher geltenden abweichen.

Den Anschluß an die in Straßen verlegte Hauptleitung und die Verlegung der Zuführungen bis zu dem Elektrizitätsmesser, sowie die Einschaltung des letzteren besorgt das Werk nach einer jährlich festzusetzenden Preisliste. Die Preise decken im allgemeinen nur die Selbstkosten der

[1] Davon 184 304 Ampèrestunden Kraftabgabe an die städtische elektrische Straßenbahn.

Stadt; bei Apparaten und sonstigen Gebrauchsgegenständen, Beleuchtungskörpern usw. wird zu den Selbstkosten (einschließlich Transportdurchschnittskosten usw.) ein Zuschlag von $33^1/_3$ v. H. der Selbstkosten erhoben. Die Kosten sind im voraus zu bezahlen; dabei wurden früher für die Zuführungsleitung, soweit sie in der öffentlichen Straße liegt, zusammen für jeden Leitungsstrang drei laufende Meter in Rechnung gestellt. Da die häufig recht hohen Kosten von der Anlegung von Zuführungsleitungen und damit von dem Verbrauch von Energie abschreckten, so werden seit einigen Jahren Pauschgebühren erhoben und zwar von 30 Mk. für Zweileiter, von 45 Mk. für Dreileiter und von 60 Mk. für Fünfleiter einschließlich der Hauptsicherungen, welche in das Eigentum der Besteller übergehen. Die Anschlußleitung bleibt Eigentum der Stadt, soweit sie in öffentlicher Straße liegt und wird von der Stadtgemeinde unterhalten. Doch ist die Unterhaltung der auf Privatterrain unter- oder oberirdisch verlegten Leitungen ausschließlich Sache des Stromabnehmers. Zur Ausschließung der Ausführung der Zuleitungen im Innern der Häuser — abgesehen von der Anschlußleitung — durch private Installateure sind keine Bestimmungen getroffen. Im Gegenteil ist es der Stadt nicht unerwünscht, wenn private Unternehmer die Ausführung der Leitungen übernehmen, da diese die besten Akquirenten für die Abnehmer von elektrischer Energie sind, und eine Behörde niemals mit nennenswertem Erfolg die Akquisition von Kundschaft in die Hand nehmen kann. Auf den Tarif für die Hergabe der Elektrizitätsmesser durch die Stadt können wir hier nicht näher eingehen. Die Gesamteinnahmen decken hier ungefähr die Aufwendungen. Grundsatz ist, die Miete für die kleinen Messer billiger und die für die größeren höher anzusetzen.

Die Tarifpolitik der Stadtgemeinde ist von folgenden Gesichtspunkten ausgegangen. Die elektrische Energie wird heute noch immer in der Hauptsache zu Beleuchtungszwecken verwendet, zu motorischer Kraft nur in geringerem Umfange, wie dies ja auch aus der zweiten Übersicht hervorgeht, die den Energieverbrauch mitteilt. Zum Kochen wird der elektrische Strom nur ganz ausnahmsweise benutzt, da die Kosten viel zu hoch sind; jedenfalls ist ein Massenverbrauch elektrischer Energie zum Kochen nicht zu erwarten, auch deren Verwendung für ärztliche Zwecke, für Feuerzeuge u. dgl. ist äußerst gering. Die Spannung zwischen Mindestverbrauch und Höchstverbrauch während 24 Stunden ist sehr bedeutend, da eben die größte Menge Energie zur Beleuchtung verwendet wird, daher ist auch die Spannung zwischen dem bedeutendsten und geringsten Konsum an verschiedenen Tagen des Jahres überall sehr erheblich und in dem hoch im Norden gelegenen Königsberg um so mehr, als die Unterschiede zwischen längstem und kürzestem Tag größer sind als im sonstigen Deutschland, wozu noch die hellen Nächte um die Sommersonnenwende kommen. Das Werk muß nun so eingerichtet sein, daß es dem stärksten Bedarf, der bei den vorhandenen Anschlußwerten möglich ist, zu genügen imstande ist; durch die Verwendung von Akkumulatoren kann zwar mehr Strom für einige Zeit geliefert werden, als die Maschinen ohne Akkumulatoren zu produzieren imstande sind; immerhin ist dieser Ausgleich nur in geringem Grade möglich, zumal eine bedeutendere Ausdehnung der Akkumulatoren sich von selbst verbietet. Die Ungleichheit im Konsum ist natürlich mit einer ungenügenden Ausnutzung der Maschinen verknüpft. Der für den stärksten Bedarf eingerichtete Betrieb muß, da eine Produktion auf Vorrat nur in verschwindendem Umfange durch die Füllung der Akkumulatoren möglich ist, zeitweise ganz oder zum Teil still liegen. Daher muß die Verwaltung des Elektrizitätswerkes darauf bedacht sein, einerseits für den Absatz in den Stunden, in denen für Beleuchtung eine Stromlieferung kaum in Frage kommt, zu sorgen, und andererseits darauf hinwirken, daß die angeschlossenen Werte auch möglichst stark ausgenutzt werden, da dem von der Stadt Königsberg von Anfang an festgesetzten Tarif nicht die Größe der Anschlußwerte, sondern der Stromverbrauch zu Grunde gelegt worden ist. Es mußte schließlich von der Verwaltung auf Mittel und Wege gesonnen werden, eine zu schnelle Steigerung der nur wenige Stunden dauernden Höchstabgabe von Energie ohne entsprechende Zunahme der Benutzungsdauer zu verhindern. Das kann, da die Stadt sich ihrerseits den Konsumenten gegenüber zur ausreichenden Lieferung von Strom — abgesehen von Betriebsstörungen oder notwendigen Arbeiten am Straßennetz u. dgl. — naturgemäß verpflichtet hat, nur durch eine entsprechende Tarifpolitik geschehen. Diese Tarifpolitik sollte also einerseits die starken Schwankungen der Stromabgabe möglichst mildern, andererseits einer übermäßigen Steigerung der Inanspruchnahme der maximalen Leistungsfähigkeit vorbeugen.

Dem ersten Tarif war als Einheit der Abrechnung eine stündliche Leistung von 50 Voltampère zugrunge gelegt, welche als Lampenstunde (Lst.) bezeichnet wird; er lautete im übrigen folgendermaßen:

Es kosten bei einem Jahresverbrauche

von Lst.	die aufeinanderfolgenden Lst. und zwar die		Pfennig
5 000	ersten	5 000	je 4
10 000	folgenden	5 000	„ 3,8

von	die aufeinanderfolgenden Lst. und zwar die		Pfennig
15 000	folgenden	5 000	je 3,6
20 000	„	5 000	„ 3,4
30 000	„	10 000	„ 3,2
40 000	„	10 000	„ 3,0
60 000	„	20 000	„ 2,9
90 000	„	30 000	„ 2,8
130 000	„	40 000	„ 2,7
180 000	„	50 000	„ 2,6
mehr als 18 000	die folgenden	. . . . . .	„ 2,5.

Bei Verbrauch elektrischen Stromes zu Bewegungszwecken bzw. zur Kraftlieferung wird als Einheit den Abrechnungen eine stündliche Leistung von 1000 Voltampères zugrunde gelegt, und diese Leistung als elektrische Pferdekraftstunde bezeichnet. Es waren zu zahlen für die elektrische Pferdekraftstunde bei einem Jahresverbrauche bis zu 10000 Pferdekraftstunden 20 Pf., für jede folgende 15 Pf.

Obgleich die finanzielle Entwicklung des Elektrizitätswerkes ganz günstig war, konnten die vorhandenen Maschinen nicht ausreichend ausgenutzt werden. Das lag daran, daß der Tarif zu hoch war, und daß daher die angeschlossenen Verbraucher den Konsum auf ein Mindestmaß einschränkten. Sollte eine wirtschaftlichere Verwendung der Anlagen erfolgen, so mußte danach gestrebt werden, einerseits die Einführung und Benützung von Elektromotoren, die hauptsächlich während der hellen Tagesstunden in Betrieb sind, während welcher also eine Entnahme von Kraft zu Beleuchtungszwecken so gut wie ausgeschlossen ist, durch Verbilligung des Stromes zu fördern, andererseits aber den Bezug elektrischer Energie zu Beleuchtungszwecken in derjenigen Jahreszeit zu verstärken, in welcher der Bedarf an künstlichem Licht stets ein schwächerer ist. Diese Erwägungen führten zu dem Tarif vom 25. März 1892, der am 1. Juli 1892 in Kraft trat.

Als Einheit der Abrechnung wurde nicht die Lichtstunde, sondern die Ampèrestunde festgesetzt. Es kostete nach diesem neuen Tarife die Ampèrestunde bei 110 Volt Spannung und einem Jahresverbrauche

von	5 000	Ampèrestunden	die ersten	5 000	je 9,0	Pf.
„	10 000	„	„ folgenden	5 000	„ 8,5	„
„	20 000	„	„ „	10 000	„ 8,0	„
„	40 000	„	„ „	20 000	„ 7,5	„

von 80000 Ampèrestunden die folgenden 40000 „ 7,0 „
„ mehr als 80000 „ . . . . „ 6,5 „.

Die Ampèrestunde bei doppelter, dreifacher usw. Spannung kostete das Doppelte, Dreifache usw. der vorstehenden Sätze.

Für Lampen, welche vom 1. Mai bis 30. September brennen, in der übrigen Zeit des Jahres aber ausgeschaltet werden, sind 6,5 Pf. für die Ampèrestunde bei 110 Volt Spannung zu zahlen.

Bei Verbrauch elektrischen Stroms zu Bewegungszwecken, bzw. zur Kraftlieferung, wurde als Einheit der Abrechnungen eine stündliche Lieferung von 1000 Voltampère zugrunde gelegt; diese kostete 58 Pf.

Dieser Tarif erfüllte nicht die gehegten Erwartungen. Der Verbrauch von Energie zur Beleuchtung nahm nicht erheblich zu, der für motorische Zwecke sank sogar von 1892 auf 1893; wenn auch die Anzahl der angeschlossenen Motore sich steigerte, so war das Anwachsen der Gesamtleistungsfähigkeit nur ganz gering, weil nur neue Motore geringerer Leistungsfähigkeit hinzugekommen waren. Man sah sich daher zu einer weiteren Verbilligung genötigt. Der neue, vom 1. April 1895 geltende Tarif bestimmte, daß bei einem Jahresverbrauche von 10000 Ampèrestunden zu Beleuchtungszwecken die ersten 10000 je 8,5 Pf. bei 110 Volt Spannung kosten sollten; im übrigen blieb es bei den alten Bedingungen in diesem Teile des Tarifes. Dagegen wurde der Tarif für motorische Kraft folgendermaßen geändert: Es wird als Einheit die Ampèrestunde zugrunde gelegt, und es kostet bei 110 Volt Spannung die Ampèrestunde 4,5 Pf., bei mehrfacher Spannung das Mehrfache dieses Betrages. Bei Annahme der vollen Belastung des Motors wird ein Zeitzähler eingeschaltet, und die Ampèrestunde mit 3 Pf. berechnet.

Nach dem abgeänderten, vom 1. April 1896 geltenden Tarif, kostete jede der ersten 20000 Ampèrestunden 8,0 Pf., sofern die Energie zu Beleuchtungszwecken verwendet wurde. Im übrigen blieb es hier beim alten; neu eingeführt wurde die Bedingung, daß jedem Konsumenten von Strom zu Beleuchtungszwecken mit einem Minimalverbrauch von 12500 Mk. im Jahr nach dem jeweiligen Stromtarif, ein Rabatt von 12½ v. H. auf das ganze gewährt werden solle. Die Ampèrestunde (bei 110 Volt Spannung) für Bewegungszwecke bzw. Kraftlieferung wurde auf 2,2 Pf. ermäßigt. Inzwischen war das Bahnnetz ausgestaltet, und da das Bahnnetz Straßen ohne andere elektrische Hauptleitungen berührte, der hochgespannte Strom im Bahnnetz sich namentlich für Kraftzwecke besser verwenden läßt als der niedriger gespannte Strom im Lichtnetz, so war es der Verwaltung erwünscht, wenn auch für Kraftzwecke und andere Zwecke Strom aus dem Bahnnetze verbraucht würde. Demnach wurde gestattet, sich an das Bahnnetz anschließen zu lassen, in dem eine Spannung von durchschnittlich 500 Volt vorhanden war. Der Preis für die Ampèrestunde bei dieser Betriebsspannung wurde auf 25 Pf. für Licht- und auf 10 Pf. für motorische Zwecke festgesetzt, was einem Preise von 5,8 bzw. 2,3 Pf. für die Ampèrestunde bei 110 Volt Spannung annähernd entspricht.

Vom 1. Oktober 1898 ab wurde die Stromabgabe für Lichtzwecke insofern ermäßigt, als der Preis für die Ampèrestunde bei 110 Volt Spannung für die ersten 1—40000 Ampèrestunden auf 7,5 Pf. ermäßigt wurde; vom 1. Juli 1901 ab kostete eine Ampèrestunde bei einem Jahresverbrauch von 1—80000 Ampèrestunden 7,0 Pf., die Ampèrestunde bei Lampen, welche nur in der Zeit vom 1. Mai bis 30. September eingeschaltet wurde, nur 5,5 Pf. Der Preis der für andere als Beleuchtungszwecke verwandten Energie wurde für die Ampèrestunde bei 110 Volt Spannung auf 3,3 Pf. zum 1. Juli 1901 heraufgesetzt.

Ein völlig neuer Tarif wurde am 1. Januar 1908 in Kraft gesetzt. Es werden zwei Tarife A und B unterschieden, jeder Konsument kann den Tarif wählen. Als Einheit der Abrechnung wird die Kilowattstunde festgesetzt.

Nach Tarif A kosten für jeden Anschluß im Jahresverbrauch:

die ersten	4000	Kilowattstunden	je	55	Pf.,
„ folgenden	4000	„	„	50	„ ,
„ „	2000	„	„	45	„ ,
„ „	1000	„	„	40	„ ,
„ „	1000	„	„	35	„ ;
bei höherem Verbrauch kostet die Kilowattstunde			„	30	„ .

Bei Bezug elektrischer Energie zu anderen als Beleuchtungszwecken kostet die Kilowattstunde 30 Pf.

Nach Tarif B kostet beim Bezuge elektrischer Energie zu Beleuchtungszwecken die Kilowattstunde 30 Pf.

Für die in den folgenden Abendstunden verbrauchte Energie wird jedoch ein Zuschlag von 30 Pf. für die Kilowattstunde erhoben:

im Monat	Januar	von	4—9	Uhr	abends,
„ „	Februar	„	5—9	„	„ ,
„ „	März	„	6—9	„	„ ,
„ „	April	„	7—9	„	„ ,
„ „	Mai	„	8—9	„	„ ;

Juni und Juli fällt aus;

im Monat	August	von	7½—9	Uhr	abends,
„ „	September	„	6—9	„	„ ,
„ „	Oktober	„	5—9	„	„ ,
„ „	November	„	4—9	„	„ ,
„ „	Dezember	„	3½—9	„	„ .

Mit Tarif B sollte versucht werden, den Konsum in der Zeit zu steigern, in welcher er erfahrungsgemäß in der Regel schwächer ist. Am stärksten ist der Verbrauch von Strom zu Beleuchtungszwecken in der Zeit, in welcher die Geschäfte geöffnet sind, das sind die ersten Stunden der Dunkelheit bis gegen 9 Uhr abends. Der Tarif B ist demnach besonders vorteilhaft für die Beleuchtung von Privaträumen, Wohnräumen, Restaurants, Gesellschaftsräumen u. dgl.

Die gesteigerte Einführung des elektrischen Lichtes in Geschäftsräumen und damit der Maximalbelastung des Werkes veranlaßte die Verwaltung des Elektrizitätswerkes, noch andere Mittel als entsprechende Tarifänderungen aufzuwenden, um den Verbrauch in Privathäusern und zu Privatzwecken in den Stunden zu steigern, in denen die Geschäftsräume nicht benützt wurden. Es galt zunächst mit den Leitungen in die Wohnhäuser hineinzukommen. Das war für das Elektrizitätswerk schwerer als für die Gasanstalt, weil die Hauseigentümer durch die Mieter bereits gezwungen waren, die für den Gasverbrauch, namentlich zum Kochen, erforderlichen Rohrleitungen anzulegen. Die Kosten der Zuleitung müssen natürlich sowohl für Gasabgabe als auch für Abgabe von Elektrizität auf dem Grundstücke vom Hauseigentümer getragen werden. Gaszuleitungen finden sich in jedem Hause; die Kosten der Zuleitung für elektrische Energie zu übernehmen, waren die Hauseigentümer ohne weiteres nur schwer zu bewegen. Die Verwaltung des Elektrizitätswerkes wußte diesen Widerstand dadurch zu überwinden, daß sie die Einrichtung und Unterhaltung einer selbsttätigen elektrischen Treppenbeleuchtung zu übernehmen sich erbot. Die elektrische Treppenbeleuchtung wird automatisch durch Schaltuhren bei Beginn der Dunkelheit eingeschaltet und zwar bis 10 Uhr abends; alsdann erfolgt die Ausschaltung, jedoch kann bis zur Morgendämmerung durch den Druck auf einen Kontaktknopf die Beleuchtung auf 5 Minuten wieder eingeschaltet werden. Von der Morgendämmerung ab wird die Beleuchtung bis zum Dunkelwerden vollständig abgestellt.

Die Bedingungen sind nun folgende:

Für die Lieferung des Stromes innerhalb der festgesetzten Brennzeit, Aufstellung, Bedienung und Unterhaltung der Kontaktuhr, sowie der durch den natürlichen Verschleiß bedingten Unterhaltung einfacher Beleuchtungskörper einschließlich Lampenersatz

1) Jahresmiete für Kohlenfadenlampen:

Normalkerzen	für die erste Lampe	für jede weitere Lampe
5	15 Mk.	10 Mk.
10	18 "	12 "
16	30 "	20 "
25	45 "	30 "
32	60 "	45 "
32	26 "	20 "
50	40 "	30 " .

2. Jahresmiete für eine Steigeleitung, ausreichend für die Treppenbeleuchtung, 2 Mk. für die Etage oder deren Äquivalent.

3. Jahresmiete für eine Steigeleitung, ausreichend für 1 × 15 Amp. einschließlich der Treppenbeleuchtung, 4 Mk. für die Etage oder deren Äquivalent.

4. Jahresmiete für eine Zweileiter-Kellerleitung 1 Mk. für den laufenden Meter.

5. Jahresmiete für einen Zweileiterhausanschluß 10 Mk. für das Haus.

6. Das Elektrizitätswerk haftet weder für Polizeistrafen noch für Schadensersatzansprüche, die infolge von Unregelmäßigkeiten der Flurbeleuchtung erhoben werden.

7. Die Kontaktuhr, sowie die erforderlichen Glühlampen, die nach der Inbetriebsetzung plombiert werden, dürfen lediglich durch das Elektrizitätswerk angebracht, bedient und unterhalten werden, dem Mieter steht jedoch die anderweitige Beschaffung von Beleuchtungskörpern ausschließlich der Glühlampen frei, ohne daß hierfür eine Ermäßigung der festgesetzten Mietsbeträge gewährt werden kann.

8. Mieter kann die Steige- und Kellerleitungen, sowie den Hausanschluß käuflich erwerben, wobei die Hälfte der Mietsbeträge auf den Kaufpreis verrechnet wird.

9. Besteller kann die Steige- und Kellerleitungen auch durch Privatinstallateure auf eigene Kosten ausführen lassen; die hierfür angegebenen Mietsbeträge kommen alsdann in Fortfall.

Die Ausführung des Hausanschlusses darf nur durch das städtische Elektrizitätswerk erfolgen.

10. Die Reparaturen an den vermieteten Gegenständen besorgt das Elektrizitätswerk und stellt dafür dem Mieter Kosten nicht in Rechnung, sofern es sich nicht um fehlerhafte Behandlung oder gewaltsame Verletzung und Diebstahl handelt. Für solche haftet der Mieter, der auch die hierdurch entstehenden Kosten zu tragen hat.

Die Wirkung aller dieser Maßnahmen zur Hebung des Verbrauches von Energie ist aus der Tabelle 34 nicht voll ersichtlich; wir müssen daher noch folgende Angaben machen, welche sich, da der Tarif für Entnahme von Energie aus dem Bahnnetze sich nur unerheblich verändert hat, nur auf die Stromabgabe des Elektrizitätsinnenwerkes im Lichtnetze beziehen. Es betrug beim Elektrizitätsinnenwerk im Lichtnetz

im Rechnungsjahre	die nutzbar zugeführte Energie . . . Kwst.	die Benutzungsdauer . . . Stunden
1899	739 721	383,03
1900	828 054	385,29
1901	927 856	381,33
1902	1 087 688	394,52
1903	1 170 675	394,86
1904	1 142 804	395,42
1905	1 350 690	395,91
1906	1 683 714	434,45
1907	1 934 597	447,29
1908	2 272 501	469,85.

Zu der Erläuterung dieser Zahlen diene folgendes. Maßgebend für die Beurteilung ist nicht nur die Höhe der Energieabgabe, sondern auch die durchschnittliche jährliche Benutzungsdauer. Es kommt darauf an, nicht nur die Energieabgabe zu steigern, sondern auch die Benutzungsdauer zu verlängern und zwar hauptsächlich bei denjenigen Konsumenten, die die Energie nicht hauptsächlich in den ersten Abendstunden verbrauchen. Es galt daher namentlich die Hotels und Restaurants, die Wohnungen, die Bahnhöfe nebst den Postämtern besonders zu interessieren. Daß die Zwecke erreicht sind, ersehen wir aus der vorstehenden Zusammenstellung, namentlich dann, wenn wir die Entwicklung von 1899—1904 und von 1905 bis zum Schlusse der Berichtszeit verfolgen. Daß die durchschnittliche Benutzungsdauer im gesamten Lichtnetz erheblich gestiegen ist, beruht, wie wir hier nur in einer umfangreichen Tabelle näher nachweisen könnten, deren Abdruck aber zu viel Raum beanspruchen würde, auf deren Zunahme bei Hotels und Restaurants, Wohnungen, Kirchen, Fabriken nebst Lagerräumen, Bahnhöfen und Postämtern, sowie auch ganz besonders auf der Einführung der Treppenbeleuchtung.

Über die Entwicklung der automatischen Treppenbeleuchtung gewährt folgende Übersicht Aufschluß. Es betrug

	die Anzahl der Verbrauchstellen		die Anschlußwerte Kw.	Kw.	die Anzahl der angeschlossenen Kohlenfadenlampen		Metallfadenlampen	
am 31. März	im Lichtnetz	im Bahnnetz	im Lichtnetz	im Bahnnetz	im Lichtnetz	im Bahnnetz	im Lichtnetz	im Bahnnetz
1906	518	—	76,982	—	2216	—	—	—
1907	980	25	155,116	4,958	4348	—	—	—
1908	1468	102	233,024	20,896	6171	430	183	—
1909	2062	138	308,217	26,988	8519	561	288	— .

3. Das finanzielle Ergebnis.

Die Mittel zur Errichtung des Elektrizitätswerkes wurden durch Anleihen aufgebracht. Die erste wurde 1889 in Höhe von 1 500 000 Mk. aufgenommen, die zweite 1899 in Höhe von 610 000 Mk. Die von den städtischen Körperschaften im Juni 1909 beschlossene Anleihe sieht für die Erweiterung der Elektrizitätsanlagen einen Betrag von 1 737 000 Mk. vor und zwar einschließlich der auf dem Elektrizitätsaußenwerk zu errichtenden Müllverbrennungsanlage, welche einen Aufwand von rund 700 000 Mk. erfordert.

Die Absicht der Gemeindeverwaltung hatte von vornherein bestanden, aus dem Betrieb des Elektrizitätswerkes Überschüsse zu erzielen, und zwar nicht nur zur Tilgung des Anlage- und Betriebskapitales, sondern auch für die Kämmereiverwaltung zur Aufbringung eines Teiles des Gemeindebedarfes für die sonstige Verwaltung an Stelle von Steuern. Zunächst aber wurde die Verwaltung durch die unerwartet schnelle Entwicklung dazu gebracht, die Erweiterungskosten des Werkes aus dem Reingewinn zu decken. Trotz außerordentlich hoher Abschreibungen, Aufbringung der Zinsen und Amortisationsquoten aus den Einnahmen konnten neben den Kosten von Neuanlangen bereits 1894 52 926 Mk. als Reingewinn auf neue Rechnung übertragen werden. Dieser Betrag stellte sich im nächsten Jahre auf 53 758 Mk. Von diesen beiden Beständen von insgesammt 106 684 Mk., wurden 1896 für Netzerweiterungen 22 510 Mk. verwendet, so daß 84 174 Mk. verblieben. Auch dieser Betrag wurde nicht an die Kämmereikasse abgeliefert, sondern später für die Erweiterung des Betriebes verbraucht. In den folgenden Jahren wurde versucht, die Erweiterungen der Anlagen aus den Erträgen des Werkes zu decken, was schließlich bei den außerordentlich schnellen und bedeutenden Vergrößerungen nicht mehr möglich war. Erst seit 1902 wurden an die Kämmereiverwaltung Überschüsse abgeliefert und zwar in Form von Straßenmiete, für Benutzung der Straßen zu Leitungen in Höhe von 70 000 Mk. In allen Jahren wurden die Kosten der öffentlichen Beleuchtung, soweit diese mittels elektrischem Licht erfolgte, vom Werke getragen. Diese Leistungen waren allerdings relativ gering, da nur wenige Straßen mit elektrischem Licht beleuchtet wurden. Über die Bewegung des Vermögens der Schulden, sowie der Bruttoüberschüsse in den Jahren 1903—1908 gibt folgende Tabelle 35 Aufschluß.

Was zunächst die Abschreibungen anlangt, so betragen sie bei den Gebäuden und der Kondenswasserleitung $1^1/_2$ v. H. des Beschaffungs-

Tabelle 35. **Vermögensstand und Rentabilität des Elektrizitätsinnenwerkes in den Rechnungsjahren 1903—1908.**

Schilderungsgegenstand	1903 Mk.	1904 Mk.	1905 Mk.	1906 Mk.	1907 Mk.	1908 Mk.
A. Vermögensstand (Anfang des Jahres).						
Anschaffungswert der Anlagen	3 120 970	3 202 790	3 378 864	3 667 236	3 912 146	4 166 451
Geld, Hypotheken, Effekten u. dgl.	60 496	328 766	354 694	176 917	158 353	117 829
Zusammen Bruttovermögen	**3 181 466**	**3 531 556**	**3 733 558**	**3 844 153**	**4 070 499**	**4 284 280**
Schulden	1 711 900	1 664 726	1 554 077	1 635 909	1 898 806	2 334 980
Reinvermögen	1 469 566	1 866 830	2 179 481	2 208 244	2 171 693	1 949 300
B. Bruttoüberschüsse und deren Verteilung.						
Abschreibungen	123 417	124 497	130 291	146 202	163 748	187 859
Verzinsung	64 777	62 377	58 642	62 742	72 131	82 331
Neue Rücklage	205 808	196 241	56 500	92 924	37 141	118 525
Leistungen an die Stadt:						
Kosten der öffentlichen Beleuchtung	2 962	3 911	15 534	40 735	43 100	41 900
Straßenmiete	100 000	100 000	200 000	200 000	200 000	250 000
Arbeitsleistungen	—	—	—	—	—	8 431
Abführung an die Kämmerei	29 391	40 000	40 000	44 000	47 500	—
Bruttoüberschuß überhaupt	**526 355**	**527 026**	**500 967**	**586 603**	**563 620**	**689 046**
v. H. des Bruttovermögens	16,54	14,92	13,42	15,26	13,85	16,08

wertes, bei den Wasser- und Lichtinstallationen und bei den Monierleitungen des Leitungsnetzes je 2 v. H., bei der Kesselanlage 5 v. H., der Dampfmaschinenanlage, der Dynamo- und Schaltanlage, der Akkumulatorenanlage, der Bureauausrüstung und den Elektrizitätszählern je 10 v. H., bei Werkzeugen und Geräten für den Betrieb, den Schaltuhren für die öffentliche Beleuchtung und den Bogenlampen je 15 v. H., bei den Kabeln, den Hausanschlüssen und den Zuleitungen für die öffentliche Beleuchtung je 4 v. H., und endlich bei der Treppenbeleuchtung 8 v. H.

Die Tabelle 35 stellt für das Elektrizitätsinnenwerk — das Außenwerk ist erst zum Teil errichtet und kann daher hier nicht in Betracht gezogen werden — den gesamten Bruttoüberschuß dem gesamten Bruttovermögen in den einzelnen Jahren gegenüber; wir sehen, daß sich nach dieser Berechnung eine sehr günstige Rentabilität des Elektriziätsinnenwerkes ergibt. Zu dem Bruttoüberschuß haben wir auch die Abschreibungen gerechnet aus den oben angegebenen Gründen. Sehen wir von den Abschreibungen ab, welche, wie jeder Sachverständige aus den darüber gemachten Angaben ersehen wird, recht erheblich sind, und welche die durch die Abnutzung im ordnungsmäßigen Betriebe entstehende Wertminderung übersteigen, so beträgt der reine Überschuß an sich im Jahre 1903 402 938 Mk. oder 12,91 v. H. des gesamten Bruttovermögens, 1904 402 529 Mk. oder 11,33 v. H., 1905 370 676 Mk. oder 9,92 v. H., 1906 440 401 Mk. oder 11,46 v. H., 1907 399 872 Mk. oder 9,83 v. H. und 1908 401 187 Mk. oder 9,36 v. H. Auch nach dieser Berechnung ergibt sich eine recht günstige Verzinsung des in das Unternehmen gesteckten Kapitals. Die Stadt hat ihrerseits ebenfalls einen nicht geringen Gewinn aus dem Elektrizitätswerk gezogen. Sehen wir von den Leistungen in natura ab, so erhielt die Kämmereikasse in diesen sechs Jahren aus den Einnahmen des Werkes insgesamt rund 1 250 000 Mk.; und wenn wir die baren Geldleistungen des Elektrizitätswerkes an die Kämmerei mit dem reinen Vermögen des Elektrizitätswerkes vergleichen, so finden wir, daß in den letzten vier Berichtsjahren die Stadtgemeinde dieses ihr Reinvermögen mit weit mehr als 10 % verzinst erhielt, und daß dieser relative Betrag 1903 und 1904 nicht viel unter 10 % blieb. Das sind alles sehr günstige finanzielle Ergebnisse, die von privaten Unternehmungen nur selten erreicht werden, namentlich wenn berücksichtigt wird, daß das städtische Elektrizitätswerk sich im Stadium der Entwicklung befindet, und die Möglichkeit der besseren Ausnützung der vorhandenen Anlagen durch weitere Anschlüsse noch lange nicht erreicht ist.

III. Die Straßenbahnen in Königsberg.

1. Das private Straßenbahnunternehmen.

a) Gründung und Entwicklung.

Die städtische elektrische Straßenbahn ist zuerst als Konkurrenzunternehmen der damaligen Königsberger Pferdebahn-Gesellschaft entstanden; später wurden von der Stadt die im alten Stadtbezirke innerhalb der Umwallung belegenen Linien der Gesellschaft übernommen, und endlich sind die Linien, die außerhalb der Umwallung zum Teil auch noch nach der Eingemeindung im Landkreise Königsberg der Königsberger Straßenbahn-Aktiengesellschaft gehörten, am 1. Juli 1909 verstadtlicht worden. Demnach müssen wir die Gründung und Entwicklung des privaten Unternehmens etwas ausführlicher darstellen.

Bereits im Jahre 1876 bewarben sich unter vielen anderen zwei Unternehmer aus Charlottenburg bei der Stadt um die Erlaubnis zum Bau und Betriebe einer Pferdebahn. Da die Parteien sich über die Zahlung von 100 000 Mk. Beitrag zur Verbreiterung einer Straße, von welcher der Polizeipräsident die Genehmigung für den Bau und Betrieb der Pferdebahn abhängig gemacht hatte, nicht einigen konnten, obgleich ein bindender Vertrag bereits abgeschlossen war, so unterblieb zunächst der Bau der Straßenbahn. Die Notwendigkeit der Einführung einer Straßenbahn machte jedoch bei dem Fortschreiten der Bebauung der Stadt sich immer dringender geltend. Da die städtischen Körperschaften den Bau und Betrieb auf eigene Kosten nicht unternehmen wollten, so wurde im November 1880 ein bezügliches öffentliches Ausschreiben erlassen. Auf dieses meldeten sich jedoch nicht nennenswerte neue Unternehmer. So nahm denn die Stadtverwaltung das Anerbieten der Charlottenburger Unternehmer Reymer und Masch an, nach welchem diese in den mit den anderen Unternehmern geschlossenen Vertrag eintreten wollten. Der betreffende Vertrag kam unterm 3. März 1881 zustande. Dessen wesentlichste, Rechtsstreitigkeiten veranlassende Punkte sind folgende:

Die Unternehmer müssen es sich ohne Entschädigung gefallen lassen, daß in den von den Straßenbahnlinien durchzogenen Straßen Arbeiten jeder Art, die der Magistrat für nötig erachtet, und die geeignet sind, den Betrieb der Bahn zeitweise zu unterbrechen, ausgeführt werden. Ebenso sind sie verpflichtet, ohne Anspruch auf Entschädigung, alle Schädigungen der Bahnanlage durch etwa später aufzuführende Kreuzungen oder durch Gas-, Wasser-, Kanal-, Telegraphen- usw. Leitungen sich gefallen zu lassen und auf eigene Kosten sofort zu beseitigen. In allen diesen Fällen haben die Unternehmer die Bahnanlage den veränderten lokalen Verhältnissen entsprechend auf ihre Kosten nach Anweisung des Magistrats wieder herzustellen resp. zu verändern.

Wird die Ausdehnung der Pferdebahn auf andere im Vertrage nicht genannte Straßen vom Magistrat für zweckmäßig gehalten, so kann derselbe diese Strecken selbst ausbauen, oder einer anderen Gesellschaft die Erlaubnis hierzu erteilen, wenn die Unternehmer im letzteren Falle es nicht vorziehen, die gewünschte Ausdehnung selbst unter den aufzustellenden Bedingungen zu übernehmen. Ausgenommen sind die von den Eisenbahngesellschaften zu bauenden Speicherbahnen. Die Unternehmer müssen es sich ohne Entschädigung gefallen lassen, wenn im Falle der Anlage einer anderen Pferdebahn ihre Linie etwa von dieser gekreuzt wird.

Die Unternehmer sind verpflichtet, den Straßenkörper innerhalb der

Gleise und auf einer Entfernung von 0,60 m außerhalb der Schienenaußenkante stets in tadellosem d. h. dem übrigen Bestande der Straße entsprechenden Zustande zu halten.

Die Stadt übernimmt keine Verpflichtung zur Reinhaltung der von der Pferdebahn durchzogenen Straßen von Schnee und Eis.

Die Genehmigung zum Betriebe der Pferdebahn wird auf die Dauer von 40 Jahren vom Tage der Zustimmung zu der polizeilichen Konzession seitens des Magistrats ab gerechnet erteilt, jedoch mit dem Vorbehalte, daß die Stadtgemeinde berechtigt sein soll, nach Ablauf von 20 Jahren und nach vorangegangener einjähriger Kündigungsfrist die Bahnanlagen und den Wagenpark — jedoch mit Ausschluß des Pferdematerials — gegen Ersatz des Wertes jederzeit in das Eigentum zu übernehmen. Dieser Wert soll durch die Entscheidung zweier Sachverständiger, von welchen jeder der kontrahierenden Teile je einen ernennt, festgestellt werden. Können die Sachverständigen sich über den Wert nicht einigen, so entscheidet der Ausspruch eines Obmannes, den auf Antrag des Magistrats die derzeitige höchste Staats-Eisenbahnbehörde in Königsberg zu ernennen hat. Nach Ablauf der vierzigjährigen Frist werden die in die Straßen eingelegten Schienen Eigentum der Stadtgemeinde.

Die Unternehmer haben das Recht, mit Einwilligung des Magistrats alle dem Vertrage entspringenden Rechte und Pflichten an dritte Personen oder Gesellschaften abzutreten. In diesem Vertrage wurde die Führung der Pferdebahn von dem Bahnhof bis zum Steindammer Tor durch folgende Straßen und Plätze genehmigt: Klapperwiese, Sattlergasse, Vordere Vorstadt, Kneiphöffsche Langgasse, Altstädtische Schuhgasse, Kantstraße, Gesekusplatz und Steindamm. In einem Nachtrage wurde die Genehmigung auf die Kronengasse, Hintere Vorstadt, Kneiphöffsche Tränkgasse, Köttel- und Magistergasse ausgedehnt, ferner auf die Königstraße, den Roßgärter Markt, den Bergplatz, die Französische Straße, den Münzplatz und die Poststraße (Linie Königstor—Steindamm).

Neben einem Beitrage zur Verbreiterung von Straßen, durch die die Pferdebahnlinien führten, von insgesamt 180000 Mk. verpflichteten sich die Unternehmer von dem zu erzielenden Reingewinn 25 Prozent desjenigen Überschusses zu zahlen, welcher sich nach Verzinsung des Aktienkapitals mit 6 Prozent ergibt.

Am 14. April 1881 wurde den Unternehmern Reymer & Masch von der Landesdirektion der Provinz Ostpreußen der Bau einer Straßenbahnlinie vom Steindammer Tor bis Luisenwahl genehmigt.

Am 6. Juni 1881 entstand in Berlin eine Aktiengesellschaft unter dem Namen „Königsberger Pferde-Eisenbahn-Gesellschaft", deren Zweck der Erwerb des Unternehmens von Reymer & Masch war. Das Grundkapital wurde auf 650 000 Mk. in 1500 Aktien zu 500 Mk. festgesetzt, dessen Erhöhung auf 2 Millionen Mk. vom Aufsichtsrate beschlossen werden konnte; 640 000 Mk. Aktien wurden an Reymer und Masch als Inferenten ihrer Rechte und der bisher erbauten Strecken übergeben; außerdem erhielten sie, da Wert und Preis der Einlage auf 1 290 000 Mk. festgesetzt wurde, eine Prioritäts-Obligation von 650 000 Mk., die mit 5 Prozent jährlich zu verzinsen und mit 105 Prozent zurückzuzahlen war, und zwar vom 1. Juli 1886 ab in 36 jährlichen Raten. Die auf dem inferierten Grundstücke lastenden 120 000 Mk. Hypotheken wurden von der Aktiengesellschaft übernommen. Den Unternehmern Reymer und Masch wurde im Gesellschaftsvertrage ausdrücklich das Recht zugesichert, daß ihnen der Bau aller Linien, die damals oder später behördlicherseits in Königsberg oder in einem einmeiligen Umkreise von Königsberg noch konzessioniert werden sollten, gegen eine Entschädigung von 80 000 Mk. für den Kilometer übertragen werden würde. Das Aktienkapital wurde schließlich auf insgesamt 1 350 000 Mk. erhöht. Von den Aktien wurden 2400 Stück im Gesamtbetrage von 1 000 000 Mk. bei der Vereinsbank (Sternberg) Berlin vom 16. bis 21. Juli 1881 zum Kurse von 105 Prozent aufgelegt, die zunächst nur einen geringen Absatz fanden.

Die Straßenbahngesellschaft hatte sich wiederholt bei der Stadt um Konzessionierung einer neuen Strecke vom Sackheim nach dem Pillauer Bahnhofe bemüht, da aber bereits im ersten Jahre des Betriebes der Pferdebahn die Erfahrungen, die der Magistrat unter den bestehenden vertraglichen Bestimmungen mit der Gesellschaft gemacht hatte, nicht gerade günstig waren — bereits im ersten Jahre war ein Prozeß über die Pflicht der Unterhaltung des Bohlenbelags der Brücken entstanden, die Gesellschaft weigerte sich außerdem, die Kosten der Pflasterreparaturen zu tragen — so kam ein Vertrag nicht zustande. Die genannte Strecke, die erste übrigens, die von der Stadt später gebaut und betrieben wurde, versprach jedoch einen erheblichen Gewinn. Daher unternahm die Straßenbahngesellschaft den Omnibusbetrieb auf dieser Strecke und ließ sich vom Polizeipräsidenten auch den auf drei anderen Strecken genehmigen. Der Omnibusbetrieb wurde im Sommer 1883 eröffnet, aber bereits im April 1885 eingestellt, weil er sich höchst unrentabel gestaltete.

Das Vertragsverhältnis zwischen Stadtgemeinde und Pferdebahngesellschaft, das von vornherein kein besonders gutes gewesen war, wurde im Laufe der Jahre immer schlechter. Die Pferdebahngesellschaft ließ es namentlich an einer ordnungsmäßigen Unterhaltung des Straßenkörpers fehlen, obgleich ihr solches nach dem Vertrage zukam. Der Zustand des Betriebsmaterials war außerdem, da nicht für ausreichenden Ersatz gesorgt wurde, geradezu kläglich. Alle diese Umstände führten dazu, daß die städtischen Körperschaften die Kündigung des Vertrages beschlossen. Da jedoch Zweifel obwalten konnten, ob das Vertragsverhältnis durch das im Jahre 1893 erlassene preußische Kleinbahngesetz berührt werde, so ging man bereits im Dezember 1897 daran, der Pferdebahngesellschaft den Vertrag zum 18. Juni 1901 zu kündigen. Da die Gesellschaft die Rechtsverbindlichkeit der Kündigung bestritt, so strengte gegen sie der Magistrat eine Feststellungsklage dahin an, anzuerkennen, daß die Pferdebahngesellschaft verpflichtet sei:

a) am 18. Juni 1901 die in den städtischen Straßen befindlichen Bahnanlagen nebst dem betriebsfähigen Wagenpark dem Magistrat gegen Zahlung des Wertes derselben zu übergeben;

b) sich von dem genannten Termine ab jeder ferneren Benutzung dieser Bahnanlagen zu enthalten;

c) zum Zwecke der Festsetzung des Wertes die im Vertrage vorgesehenen Sachverständigen bis zum 1. April 1900 zu bestellen und ihn dem Magistrat anzuzeigen;

d) anzuerkennen, daß die für die Bahnanlage von der Stadtgemeinde zu zahlende Entschädigung von den Sachverständigen zu bemessen ist lediglich nach dem Werte des in den Straßen befindlichen von der Pferdebahngesellschaft hergestellten Bauwerks, das heißt seines reinen Bauwertes unter Ausschluß jedweden Ansatzes für den Nutzungswert aus dem Betriebe des Bahnunternehmens.

Dieser Prozeß wurde von der Pferdebahngesellschaft durch alle Instanzen getrieben und endigte schließlich mit ihrer endgültigen Verurteilung nach dem Magistratsantrage durch Erkenntnis des Reichsgerichts vom 10. Februar 1900.

Die beiden vom Magistrat und der Gesellschaft ernannten Sachverständigen schätzten den Wert der alten Linien ohne Depotgrundstücke auf 294 954 Mk., den der neueren Linien (Roßgärter-Markt—Roßgärter Tor und Poststraße—Rhesastraße) auf 101 000 Mk. ab. Eine Einigung über das Depotgrundstück konnte nicht erzielt werden. Der von der Königlichen Eisenbahndirektion in Königsberg ernannte Obmann setzte dessen Wert auf 313 446 Mk. fest. Strittig geblieben war noch die Frage, ob die

Stadt verpflichtet sei, die zur Verbreiterung von Straßen gezahlten Beiträge von insgesamt 180 000 Mk. an die Gesellschaft zurückzuzahlen. Auch dieser Punkt wurde zu Gunsten der Stadt erledigt. Da nach erfolgter Übergabe der Straßenbahnstrecken im alten Stadtbezirke die außerhalb desselben vor den Toren belegenen Linien von dem Stadtinneren vollständig abgeschlossen waren, die Stadt ihrerseits aber einen Teil ihrer Linien durch das Steindammer Tor bis nach Luisenhöh zu führen wünschte, so einigten sich die Parteien schließlich dahin, daß die Stadt der Gesellschaft die Benutzung der Strecke Poststraße—Steindammer Tor, die Gesellschaft der Stadt die Benützung der Strecke Steindammer Tor—Luisenhöh gestattete. Die der Gesellschaft am 18. Juni 1901 verbleibende Strecke Königstor—Kalthof, die außerhalb des damaligen Stadtgebietes belegen war, stand nach Übernahme der Linien im alten Stadtbezirke in keiner Verbindung mit den der Gesellschaft verbliebenen Linien, die sämtlich vor dem Steindammer Tor gelegen waren. Da die Stadt ihrerseits ein Interesse daran hatte, ihre Straßenbahn über das Königstor hinaus nach Kalthof weiterzuführen, ging diese Linie für den ihren Wert weit übersteigenden Preis von 225 000 Mk. an die Stadt über.

Im Jahre 1898 hatte die Gesellschaft von dem Landkreise Königsberg die Genehmigung zur Anlegung einer elektrischen Straßenbahn auf den Straßen Fuchsberger-Allee, Hufen-Allee, Lawsker-Allee (später über Ratshof und Lawsken bis Juditten), Beethovenstraße, Bahnstraße, Hermann-Allee, Luisen-Allee, Claaßstraße und Alte Pillauer Landstraße erhalten. Im selben Jahre wurde der Bau einer elektrischen Zentrale im damaligen Vororte Mittelhufen begonnen. Ebenfalls 1898 war von der Aktienbrauerei Schönbusch das ihr gehörige Elektrizitätswerk Luisenhöh erworben worden; zugleich hatte die Gesellschaft die Konzession zur alleinigen Versorgung des Gemeindebezirkes Mittelhufen mit elektrischer Energie für die Straßenbeleuchtung und für Private bis 1915 erhalten, hatte dafür aber die Kosten der öffentlichen Beleuchtung in verschiedenen von ihr benützten Straßen übernehmen müssen. Ein gleicher Vertrag wurde 1900 mit der Gemeinde Vorderhufen mit Gültigkeit bis 1915 abgeschlossen. Der Betrieb der Elektrizitätszentrale wurde 1901 eröffnet, im selben Jahre auch die Linie von der Poststraße nach Juditten.

Nach der Eingemeindung der Vororte am 1. April 1905 entstanden zwischen der Stadtgemeinde und der Königsberger Straßenbahn-Aktiengesellschaft — dieser Name wurde von 1901 ab geführt — zahlreiche Streitigkeiten. Die letztere bestritt ihre Verpflichtung zur Unterhaltung, Reinigung und Beleuchtung der von ihren Linien durchzogenen Straßen und war der Ansicht, daß die Stadtgemeinde nicht die Rechtsnachfolgerin des Landkreises Königsberg sei, mit welchem bekanntlich der Konzessionsvertrag abgeschlossen war. So entstanden wieder mehrere Rechtsstreitigkeiten, von denen der wichtigste vom Magistrat dahin angestrengt war, anzuerkennen, daß die Stadtgemeinde als Rechtsnachfolgerin des Landkreises anzusehen sei, soweit die Strecken im Gebiete des jetzigen Stadtkreises liegen. Auch dieser Prozeß wurde in allen Instanzen zu Gunsten der Stadt entschieden.

Die Lage der Straßenbahngesellschaft war inzwischen immer prekärer geworden. Die Einnahmen waren nicht einmal ausreichend, um die erforderlichen Reparaturen am liegenden und rollenden Material ausführen zu können; nur notdürftig wurde der Betrieb aufrecht erhalten. Da die Gesellschaft außerdem die bedeutenden Kosten von Straßenverbreiterungen und Neupflasterungen zum großen Teile hätte übernehmen müssen, so sah sich die Direktion genötigt, mit der Stadt in Unterhandlung zwecks Ankaufes des Unternehmens zu treten. Das Nähere darüber ist im nächsten Abschnitt mitgeteilt.

b) Die Finanzgebarung.

Die Aktiengesellschaft, übrigens eine der berüchtigsten Gründungen des bekannten Sternberg, war von vornherein dem Verfalle preisgegeben. Der Gegenwert der Aktien und Obligationen entsprach in keiner Weise der Höhe des Kapitals derselben. Nach der ersten Bilanz war der Wert des Bahnkörpers einschließlich der Konzession auf 1 413 028,72 Mk. angegeben, der der Gebäude abzüglich der Hypothek von 120 000 Mk. auf 256 047 Mk., der der Pferde auf 131 445,40 Mk. und der der Wagen auf 150 000 Mk. Wenn auch der Wert der Wagen und der Pferde bei der ersten Bilanz richtig angegeben sein wird, so ist das Grundstück und namentlich der Wert der Konzession einschließlich des Wertes des Bahnkörpers bedeutend überschätzt worden; hierzu kam noch, daß die Gesellschaft verpflichtet war, an Reymer & Masch die Vollendung der begonnenen Linien und die Ausführung weiterer Pferdebahnstrecken mit 80 000 Mk. für 1 km Gleis zu überlassen, während sich die Baukosten von 1 km Pferdebahngleis damals höchstens auf 25 000 Mk. stellten, und dabei noch ein ausreichender Gewinn zu erzielen war. Zwar verteilte die Gesellschaft für 1881 6 Prozent Dividende, für 1882—1887 6, 4, 3½, 2, 2 und 1 Prozent. Doch konnte das nur geschehen, weil äußerst geringe Rücklagen erfolgten, die Abschreibungen fast ganz unterblieben und der Wert des Bahnkörpers dadurch künstlich in die Höhe geschraubt wurde, daß die Kosten der Verbesserung und sogar größerer Reparaturen dem Werte zugeschrieben wurden, was aus den Berichten des Aufsichtsrates an die Aktionäre gelegentlich der Generalversammlungen hervorgeht. Bei den anderen Gegenwerten des Aktien- und Obligationenkapitals wurde ähnlich verfahren. In der ersten Bilanz waren 5 Prozent als jährliche Abschreibungsquote auf die Wagen festgesetzt, 15 Prozent auf das Pferdekonto, 50 Prozent auf das Bekleidungskonto, 20 Prozent auf das Utensilienkonto (das Bekleidungskonto wurde mit dem Utensilienkonto in der zweiten Bilanz vereinigt). In späteren Bilanzen wird niemals mitgeteilt, mit welchem Prozentsatz die einzelnen Konten abgeschrieben wurden. Der Reservefonds der in der ersten Bilanz mit 10 000 Mk. aus einem angeblichen Reingewinn von rund 123 000 Mk. dotiert wurde, ist bei einem Aktienkapital von 1 350 000 Mk. äußerst gering. Da auch in den nächsten Jahren die neuen Rücklagen sehr niedrig waren, so betrug der Reservefonds 1887, dem letzten Jahre, vor der ersten Sanierung der Gesellschaft, nur 17 962 Mk.

Zur Bestreitung der Einrichtungskosten der Omnibuslinien, ferner angeblich zur Entlastung des Depotgrundstückes von Hypothekenschulden und zur Erwerbung eines zweiten Grundstückes wurden 1882 für 400 000 Mk. fünfprozentige Obligationen ausgegeben. Nach dem Berichte zur Bilanz für 1886/87 wurde ein Teil dieses Obligationenkapitals für den 1886 und 1887 erfolgten Neubau der neuen Linien vom Roßgärter Markt bis zum Roßgärter Tor und von der Poststraße bis zur Rhesastraße verwendet. Die Obligationen III. Emission von 100 000 Mk. zu 5 Prozent übernahm 1887 der Erbauer der neuen Strecken für den Restbetrag einer Forderung gegen die Gesellschaft.

Die Ausschüttung von Dividenden auf ein überhohes Aktienkapital trotz relativ geringer Einnahmen, die Notwendigkeit, das erhebliche Obligationenkapital hoch zu verzinsen, die erheblichen Verluste bei dem Omnibusunternehmen machten eine Sanierung der Gesellschaft erforderlich. Diese erfolgte im Oktober 1888 dahin, daß auf 1527 Stammaktien über 763 500 Mk. Aktienkapital 40 Prozent des letzteren im ganzen also 305 739 Mk. eingezahlt, und diese Aktien in Vorzugsaktien umgewandelt wurden. Von dem zugezahlten Kapital wurden 200 000 Mk. zur Abschreibung auf das Bahnanlagekonto verwendet, 30 000 Mk. zu der auf Wagenkonto, 70 000 Mk. zu der auf Pferdekonto, sowie 5400 Mk. zu der auf Mobilien- und Utensilienkonto.

Die erste Sanierung hatte den gewünschten Erfolg nicht gebracht, es wurde daher bereits 1890 eine zweite notwendig; es wurden auf 173 000 Mk. Stammaktienkapital 40 Prozent also 69 200 Mk. zugezahlt, von diesen wurden 5937 Mk. auf Immobilienkonto, 34 000 Mk. auf Bahnanlagekonto, 19 655 Mk. auf Pferdekonto und 3000 Mk. auf Kautionszinsenkonto abgeschrieben. Die betreffenden Aktien wurden zu Vorzugsaktien umgewandelt.

In der Generalversammlung vom 10. Oktober 1896 wurde beschlossen, diejenigen Stammaktien, auf die bis zu einem bestimmten Tage nicht 40 vom Hundert des Nennwertes eingezahlt worden waren, im Verhältnis von 6 zu 1 zusammenzulegen und das Aktienkapital entsprechend herabzusetzen. Daraufhin wurden auf 359 000 Mk. 40 Prozent zugezahlt, eine Aktie von 500 Mk. angekauft und Stammaktien im ursprünglichen Nennbetrage von 54 000 Mk. zusammengelegt. Das Aktienkapital betrug somit 1 304 500 Mk.; die Vorzugsaktien hörten damit auf bevorrechtigt zu sein. Diese ganze Transaktion erbrachte nach Abzug der Kosten einen Gewinn von 169 399 Mk., der auf einzelne Konten abgeschrieben wurde und zwar 107 919 Mk. allein auf das Bahnanlage- und Konzessionskonto. Schließlich errechnete man noch einen Reingewinn von 165 767 Mk., so daß 10 Prozent Dividende verteilt und an die Stadt ein Gewinnanteil von 12 423 abgeführt werden konnte. Wie das alles möglich war, entzieht sich ohne genaue Durchsicht der Bücher und Rechnungen der Beurteilung. Notwendig war es aber für die hinter der Gesellschaft stehenden Personen, daß eine reichliche Dividendenzahlung erfolgte. Da nämlich inzwischen die Stadt auf eigene Kosten den Bau und Betrieb einer elektrischen Straßenbahn unternommen hatte, so war die Elektrisierung der Pferdebahn eine unabwendbare Notwendigkeit. Zur Umwandlung der Pferdebahn in einen elektrischen Betrieb und zum Ausbau der neuen im damaligen Landkreise Königsberg belegenen Straßenbahnlinien bedurfte die Gesellschaft bedeutender Summen. Diese waren nur für ein Unternehmen zu haben, das bedeutenden Gewinn abwarf. Aus demselben Grunde wohl verteilte man für 1897 ebenfalls eine Dividende von 10 Prozent, ebenso für 1898. Im Jahre 1897 hatte die Gesellschaft die Einführung des elektrischen Betriebes auf der Linie Poststraße—Hufen beschlossen und Konzessionen für weitere Linien von dem Landkreise Königsberg in dessen damaligem Bezirk erlangt. Im Jahre 1898 wurde mit dem Bau der Kraftzentrale und mit dem Umbau des Bahnkörpers für den elektrischen Betrieb begonnen. Das Aktienkapital wurde 1898 unter Ausgabe von neuen Vorzugsaktien Litt. B um 1 995 500 Mk. erhöht. Diese Vorzugsaktien Litt. B wurden vom Bankhause Oskar Heimann & Co. in Berlin zum Kurse von 102 Prozent übernommen; den Aktionären wurde ein Bezugsrecht der Art eingeräumt, daß auf 2000 Mk. alte Aktien, 3000 Mk. neue zum Kurse von 105 vom Hundert bezogen werden konnten. Der nach Abzug der Spesen verbliebene Agiogewinn von 30910 Mk. wurde dem Reservefonds zugeschrieben. Für 1898 wurden auf die alten Vorzugsaktien 10 Prozent Dividende, und auf die neuen eine solche von 4 Prozent als Bauzinsen gewährt.

Das finanzielle Ergebnis der Übergabe der Linien in der inneren Stadt und derjenigen nach Kalthof an die Stadt im Juni 1901 war zunächst das, daß die Gesellschaft auf die alten Strecken, die am Ende des Geschäftsjahres 1899/1900 nach ordentlicher Abschreibung von 50000 Mk. mit 1570906 Mk. zu Buche standen, insgesamt 805952 Mk. noch besonders abschreiben mußte. Diese außerordentlich hohe Abschreibung dürfte notwendig geworden sein zunächst wegen Überwertung der Linien und wohl auch der Konzession bei Inferierung deren Werte anläßlich der Errichtung der Aktiengesellschaft, dann aber auch in vielleicht nicht geringerem Maße wegen der 20 Jahre hindurch dauernden Gepflogenheit, nicht nur ungenügende Abschreibungen auf Konzession und Anlagen zu machen, sondern sogar alle Erneuerungen am Bahnkörper sowie einen Teil der Reparaturen dem Werte zuzuschreiben; hierzu dürfte noch kommen, daß die Bahnstrecken, die von Reymer & Masch gemäß dem Statut der Aktiengesellschaft zum Preise von 80000 Mk. für den Kilometer nach Gründung der Aktiengesellschaft ausgeführt wurden, viel zu teuer bezahlt worden sein dürften. Wie hoch die Konzession in der ersten Bilanz der Aktiengesellschaft bewertet worden ist, vermögen wir, da uns die Bücher der Gesellschaft nicht vorlagen, nicht anzugeben. Bemerkt sei, daß nach den Ausführungen des Vorstandes der Gesellschaft zur Bilanz für 1898/99 die 60jährige Konzession auf die Linie Steindammer Tor—Luisenhöh auf 300000 Mk. geschätzt wurde. Das der Stadt zu überantwortende Grundstück der Gesellschaft Heumarkt 2 stand mit 380545 Mk. zu Buch, auf das nur 313446 Mk. bei Übernahme zu zahlen waren, so daß ein buchmäßiger Verlust von 67099 Mk. der Gesellschaft entstand. Bei dem Pferdekonto, das nach durchgeführter Elektrisierung der Bahn ganz abgestoßen werden mußte, entstand ein Verlust von 37291 Mk. Nur einen Gewinn hatte die Gesellschaft; die Stadt hatte 225000 Mk. für die Strecke Königstor—Kalthof gezahlt, die angeblich nur mit 105000 Mk. bei der Gesellschaft zu Buch stand, so daß sich ein angeblicher Gewinn von 120000 Mk. ergab. Zur Deckung des Verlustes, der sich auf 910342—120000 = 790342 Mk. stellte, mußte die Gesellschaft wieder saniert werden. Es geschah dies 1900 durch Zuzahlung von 25 Prozent auf das Aktienkapital mit der Maßgabe, daß diejenigen Aktien, auf welche eine Zuzahlung nicht geleistet wurde, im Verhältnis von 4 zu 1 zusammengelegt wurden. Infolge dieser Operation wurden 775 900 Mk. zugezahlt, und durch Zusammenlegung von Aktien ein buchmäßiger Gewinn von 521 000 Mk. erzielt. Die Aktiva und Passiva sowie die Verwendung der Bruttoüberschüsse der Pferdebahngesellschaft für die Geschäftsjahre (1. Juli) 1881—1898 sind in den Tabellen 36 und 37 dargestellt. In den Jahren 1899—1901 einschließlich fanden zahlreiche Transaktionen statt, so daß die gleiche Aufstellung für diese Jahre nicht tunlich ist.

Der Stand der Aktiva und Passiva sowie die wichtigsten Posten der

Tabelle 36. Aktiva und Passiva der Bilanz der Pferdebahngesellschaft 1881—1898[1].

Geschäftsjahr	Aktiva						Passiva		
	Bahnkörperkonto Mk.	Immobilienkonto Mk.	Wagenkonto Mk.	Pferdekonto Mk.	Mobilien- und Utensilienkonto Mk.	Geschirrkonto Mk.	Aktienkapital Mk.	Anleihen Mk.	Reservefonds Mk.
1881	1 473 029	256 047	150 000	131 445	15 980	4852	1 350 000	650 000	—
1882	1 484 997	256 047	153 898	121 388	25 457	4536	1 350 000	650 000	20 000
1883	1 472 812	256 047	156 211	143 784	36 138	3841	1 350 000	1 050 000	12 000
1884	1 549 944	256 047	151 851	143 444	38 175	3287	1 350 000	1 050 000	14 000
1885	1 551 194	256 475	147 120	153 614	39 702	2674	1 350 000	1 050 000	16 400
1886	1 825 859	285 658	156 020	163 171	38 768	3034	1 350 000	1 150 000	17 962
1887	1 865 285	285 694	151 620	175 602	37 916	2857	1 350 000	1 139 000	21 152
1888	1 668 956	285 694	118 620	106 889	34 447	2558	1 350 000	1 111 000	21 952
1889	1 671 001	300 694	118 851	114 814	35 270	2743	1 350 000	1 002 700	26 269
1890	1 641 915	300 000	110 000	100 657	35 116	2816	1 350 000	962 500	27 087
1891	1 646 244	300 000	107 640	103 328	35 639	2996	1 350 000	932 500	29 717
1892	1 644 003	300 065	102 641	99 895	35 593	2650	1 350 000	904 500	31 717
1893	1 590 000	295 000	93 000	70 000	35 000	2000	1 350 000	873 100	33 717
1894	1 573 143	285 132	82 302	58 063	31 046	1764	1 350 000	840 600	37 220
1895	1 570 000	280 000	78 000	50 060	31 000	2000	1 350 000	807 500	41 702
1896	1 570 093	281 000	114 900	99 000	33 723	3000	1 304 500	765 700	49 814
1897	1 569 000	279 000	129 366	129 456	32 883	3000	1 304 500	724 500	59 814
1898	1 547 827[2]	280 826	129 077	103 066	32 498	3000	3 300 000	690 500	100 724

[1] Das Geschäftsjahr begann am 1. Juli und endete am 30. Juni; wie auch sonst üblich, wurde hier das Geschäftsjahr mit demjenigen Kalenderjahre bezeichnet, in welchem es begann.

[2] Außerdem neue Bahnanlage 982 376 Mk.

Gewinn- und Verlustrechnung der Jahre 1902—1907 sind aus den Tabellen 38 und 39 ersichtlich. Zur Ergänzung und Erläuterung der beiden letzten Tabellen sei noch mitgeteilt, daß unter der Aktiva und Passiva die Kaution von 250 000 Mk., bezüglich deren ein Wechselakzept bei einer Königsberger Bank bestand, nicht berücksichtigt worden ist. Im Jahre 1903 wurde eine Kapitalvermehrung erforderlich; es wurde

Tabelle 37. Die Verwendung der Bruttoüberschüsse der Pferdebahngesellschaft 1881—1898.

Geschäftsjahr	Abschreibungen auf					Neue Rücklagen	Tantiemen an		Dividendensumme	Gewinnvortrag
	den Bahnkörper Mk.	das Pferdekonto Mk.	Wagen Mk.	Geschirr Mk.	Mobilien und Utensilien Mk.	Mk.	Aufsichtsrat Mk.	Beamte Mk.	Mk.	Mk.
1881	—	16 500	6 080	1011	2 850	20 000	1 200		60 250	1552
1882	12 000	10 000	5 000	1000	2 000	2 000	.	.	81 000	1655
1883	12 000	10 000	5 000	1000	2 000	2 000	.	.	54 000	309
1884	10 000	10 000	5 000	1000	2 000	2 400	.	.	43 875	300
1885	10 000	14 000	4 000	500	4 000	1 562	1 484	1 000	27 000	201
1886	12 000	15 000	4 000	577	4 000	3 190	1 436	—	27 000	275
1887	11 000	12 000	3 000	500	3 000	3 800	735	240	13 500	231
1888	8 956	9 000	2 000	500	2 000	1 316	1 215	488	22 905	366
1889	8 000	9 000	2 000	500	2 000	1 318	1 252	479	22 905	413
1890	8 000	8 000	2 000	500	2 000	2 130	2 130	—	37 460	63
1891	21 000	16 000	5 000	1000	3 000	2 000	1 600	—	28 095	462
1892	29 000	18 000	5 000	600	3 000	2 000	1 335	—	23 413	428
1893	35 415	19 677	5 031	506	204[1]	3 503	1 751	—	23 413	6360
1894	35 000	45 000	10 000	2000	6 000[2]	4 483	2 690		42 143	1871
1895	41 289	8 447	4 355	330	3 660[3]	8 112	9 256		65 555	65
1896[4]	107 919	38 366	35 589	2468	12 574[5]	—	—	—	—	—
1897	50 867	14 900	11 490	3382	3 372[6]	10 000	12 986		130 450	2700[7]
1898	50 000	15 500	16 000	3161	2 800	10 000	13 700		130 450	361[8]

[1] Außerdem 5159 Mk. Abschreibung auf Immobilien.
[2] ebenso von 10 000 Mk.
[3] desgl. 5132 Mk.
[4] Abschreibungen aus dem Gewinn der Aktienkonvertierung.
[5] Außerdem Abschreibung auf Immobilien 14 493 Mk.
[6] desgl. 3599 Mk.
[7] Außerdem Gewinnanteil der Stadt Königsberg 10 796 Mk., zum Unterstützungsfonds 2000 Mk., für Gratifikationen 2700 Mk.
[8] Außerdem Bauzinsen 79 820 Mk., Abgabe an die Stadt 10 000 Mk., zum Unterstützungsfonds 2000 Mk., Gratifikationen 2700 Mk.

eine neue Anleihe von 600 000 Mk. zu 5 Prozent, mit 105 Prozent rückzahlbar, aufgenommen, von der die damaligen Schuckertwerke, welche die Elektrisierung der Pferdebahn ausgeführt hatten, 300 000 Mk. übernahmen. Die alte Gepflogenheit, gar keine oder nur ungenügende Abschreibungen von den Anlagen usw. zu machen, und die Kosten für Erneuerung von Schienen usw. dem Werte ganz oder zum Teil zuzuschreiben, wurde beibehalten. Zwar wurde ein Erneuerungsfondskonto eingerichtet, dieses aber nur ungenügend dotiert. Das zeigt folgende Zusammenstellung. Es betrug beim Erneuerungsfondskonto

im Geschäftsjahre	der Bestand Anfang des Jahres Mk.	die Entnahme Mk.	die Zuführung Mk.	der Bestand Ende des Jahres Mk.
1902	36 000	—	—	36 000
1903	36 000	12 280	10 000	38 280
1904	38 280	6 500	12 000	43 780
1905	43 780	20 032	30 000	53 748
1906	53 748	27 850	37 102	63 000
1907	63 000	28 360	42 000	76 640.

Wenn auch die Einnahmen gestiegen waren, so war die Zunahme der Betriebsunkosten wohl noch bedeutender. Bei allen Teilen der Anlage wurden nur die dringendsten Verbesserungen ausgeführt, der ganze Betrieb wurde nur notdürftig aufrecht erhalten, so daß die Zuführung neuen Kapitals bzw. die Reduzierung des Aktienkapitals erforderlich wurde. Diese Sanierung erfolgte auf Beschluß der Generalversammlung vom

Tabelle 38. Die hauptsächlichsten Aktiva und Passiva der Bilanz der Straßenbahnaktiengesellschaft 1902—1907.

Geschäftsjahr	Aktiva: Bahnanlagekonto Mk.	Aktiva: Grundstücke und Gebäude Mk.	Aktiva: Energieerzeugungsanlage Mk.	Aktiva: Stromzuführung Mk.	Aktiva: Wagenpark Mk.	Aktiva: Utensilien, Mobiliar, Werkzeug Mk.	Passiva: Aktienkapital Mk.	Passiva: Anleihen Mk.	Passiva: Rücklagen Mk.
1902	2 241 153	250 000	545 861	405 012	223 212	5622	2 777 000	544 800	36 000
1903	2 252 473	265 465	545 861	405 012	223 212	8562	2 777 000	1 075 800	38 280
1904	2 252 473	262 465	545 861	405 012	223 212	8437	2 777 000	1 057 800	43 780
1905	2 252 473	262 465	545 861	405 012	225 802	8437	2 777 000	1 032 800	56 748
1906	2 252 473	262 465	545 861	405 012	225 802	8437	2 777 000	992 800	69 000
1907	2 000 000	260 000	400 000	300 000	225 802	1	2 186 000	956 500	75 640

Tabelle 39. Die Hauptposten der Gewinn- und Verlustrechnung der Straßenbahnaktiengesellschaft 1902—1907.

Geschäftsjahr	Ausgaben						Einnahmen			Verlust
	Betriebs-unkosten Mk.	Zinsen auf Obligationen Mk.	Gehälter und Löhne Mk.	Neue Rücklagen Mk.	Unterstützungen Mk.	Vortrag auf neue Rechnung Mk.	überhaupt Mk.	aus dem Bahnbetriebe Mk.	für Stromabgabe und Installationen Mk.	Mk.
1902	78 511	27 863	105 492	36 000	—	—	269 266	158 791	77 946	17 140
1903	73 938	39 515	108 572	10 000	—	—	263 997	173 092	83 001	15 691
1904	76 221	53 440	113 134	12 000	—	170	291 963	194 257	89 838	—
1905	84 700	52 115	117 957	33 000	3000	3 186	320 206	216 553	95 556	—
1906	97 944	50 140	129 321	40 102	1500	3 912	356 870	235 417	103 786	—
1907	103 485	48 278	132 397	45 000	1000	12 387	378 938	253 642	105 807	—

7. November 1907. Es wurden auf 1 317 500 Mk. Aktienkapital 30 Prozent = 395 250 Mk. zugezahlt und Aktien zum Betrage von 788 000 Mk. im Verhältnis von 4 : 1 zusammengelegt, wodurch ein buchmäßiger Gewinn von 591 000 Mk. entstand. Aber auch das konnte die Gesellschaft nicht mehr retten, zumal die Bank, die einen Kautionswechsel von 250 000 Mk. angenommen hatte, diesen kündigte und die Kaution in bar gestellt werden mußte. Die Gesellschaft, die noch andere Prozesse mit der Stadt verloren hatte und voraussichtlich noch mehrere schwebende verlieren würde, sah sich genötigt, mit der Stadt in Verhandlung wegen Übernahme des Unternehmens zu treten. Bereits 1908 hatte die Gesellschaft die gesamten Anlagen der Stadt für $2^1/_4$ Millionen Mark angeboten, war aber abschlägig beschieden worden. Da das Reichsgericht entschieden hatte, daß die Stadtgemeinde Königsberg als Rechtsnachfolgerin des früheren Landkreises in den eingemeindeten Vororten anzusehen sei, war die Gesellschaft zur Unterhaltung der von ihren Linien benützten Straßen in einem den Anforderungen des Verkehrs entsprechenden Zustande auch nach der Eingemeindung verpflichtet. Nun waren große Aufwendungen für die Verbreiterung und Neubefestigung der Hufenallee, der belebtesten Straße in Mittelhufen, bei dem stark angewachsenen Verkehr erforderlich geworden. Hierzu kam noch, daß das Schienenmaterial, die Trägermasten, die Maschinen und Wagen wegen der nur notdürftigsten Unterhaltung seit vielen Jahren einer durchgreifenden Verbesserung unterzogen werden mußten, wenn der Betrieb ordnungsmäßig aufrecht erhalten werden sollte. Aus der Lichtabgabe an Private konnten größere Einnahmen

nicht erzielt werden, weil die städtische Gasanstalt erfolgreiche Konkurrenz machte und die Gesellschaft den Tarif für Abgabe von Energie außerordentlich hoch hatte festsetzen müssen. So blieb der Gesellschaft nichts anderes übrig, als jedes annehmbare Angebot der Stadtgemeinde zu akzeptieren oder den Konkurs anzumelden. Von der Stadt wurde als Kaufpreis eine Million Mark angeboten. Darauf ging die außerordentliche Generalversammlung am 13. Mai 1909 ein. Die wesentlichsten Punkte des zwischen der Stadt und der Straßenbahngesellschaft geschlossenen Vertrages sind folgende: Der Stadtgemeinde wird der gesamte im Eigentum der Gesellschaft stehende Grund und Boden frei von allen Eintragungen in Abteilung III des Grundbuches und mit unbedeutenden Eintragungen in Abteilung II sowie der Material- und Inventarbestand des gesamten Straßenbahn- und Beleuchtungsunternehmens übereignet. Die Stadtgemeinde zahlt an die Gesellschaft als Kaufpreis 1 Million Mark in $3^{1}/_{2}$ prozentigen an der Berliner Börse zum Handel zugelassenen Königsberger Stadtobligationen, welche zum Nennwerte anzurechnen sind. Von der bei der Stadtgemeinde durch die Gesellschaft hinterlegten Kaution von 310 000 Mk. werden der Gesellschaft 198 000 Mk. zurückgezahlt, der Rest geht in das Eigentum der Stadt über. Sämtliche gegenseitig sonstigen Ansprüche geben die Parteien auf, die anhängigen Rechtsstreitigkeiten werden zurückgenommen. Am 1. Juli 1909 ging der gesamte Betrieb in das Eigentum der Stadtgemeinde über. Die Gesellschaft trat in Liquidation. Das Liquidationsverfahren ist noch nicht beendet.

2. Die städtische elektrische Straßenbahn.

a) Gründung und Entwicklung.

Wiederholt war von den Bewohnern des langgestreckten Stadtteils Sackheim an den Magistrat der Antrag gestellt, eine Straßenbahnverbindung mit dem Inneren der Stadt herstellen zu lassen. Verhandlungen mit der Pferdebahngesellschaft zerschlugen sich wegen der übergroßen Bedingungen; im April 1893 beschlossen die städtischen Körperschaften, eine zweigleisige elektrische Straßenbahn von der Augustastraße bis zum Pillauer Bahnhof mit 1 m Spur auf städtische Kosten zu erbauen, und vorläufig auch zu betreiben. Die nach dem Kleinbahngesetz von 1893 erforderliche Konzessionserteilung verzögerte sich bis Ende Juli 1894, weil störende Einflüsse auf die magneto-elektrischen Meßinstrumente des physikalischen Laboratoriums der Universität befürchtet wurden. Die für den Bau der Anlagen erforderlichen Vorarbeiten waren bereits früher von

Beamten der Stadt erledigt, und die Arbeiten und Lieferungen an Privatunternehmer vergeben. So konnte bereits im Mai 1895 der Betrieb aufgenommen werden. Die elektrische Energie wurde einer nur dem Straßenbahnbetrieb dienenden Dynamomaschine entnommen, die in einem Anbau an das Elektrizitätswerk untergebracht war; als Reservemaschine diente eine kleinere Lichtmaschine mit der erforderlichen Umschaltevorrichtung. Die Beschaffung eines neuen Kessels für die Bahndynamomaschine war nicht notwendig, da die Kesselanlage des Elektrizitätswerkes ausreichte. Diese Maschinen wurden 1898 an das Elektrizitätswerk abgegeben, welchem nunmehr die Lieferung des erforderlichen Stromes für die Straßenbahn übertragen wurde.

Eine Erweiterung des Bahnnetzes wurde im Januar 1896 beschlossen; von der Oberlaak bis zum Schlachthofe wurde Anfang März 1898 die ganze Linie in Betrieb genommen, dann folgte Anfang Mai desselben Jahres die Strecke Kaiser Wilhelmplatz—Brandenburger Tor.

Am 1. April 1898 waren folgende Linien im Betrieb:

1. Augustastraße—Sackheimer rechte Straße—Katholische Kirchenstraße—Lutherstraße—Münchenhof-Platz—Altstädtische Langgasse (über den Kaiser Wilhelm-Platz)—Unterlaak—Oberlaak;

2. Schlachthof—Aweider Allee—Friedländer Tor—Viehmarkt Hohe Brücke—Weidendamm—Lindenstraße—Münchenhof — weiter wie Linie 1 bis Oberlaak;

3. Kaiser Wilhelmplatz—Kantstraße—Kneiphöfsche Langgasse—Vordere—Hintere Vorstadt—Alter Garten—Brandenburger Tor;

4. Schlachthof—Kaiser Wilhelmplatz wie Linie 2, dann wie Linie 3 bis Brandenburger Tor.

Letztere Linie wurde, weil sie unrentabel war, bereits Anfang September 1898 aufgegeben.

Mitte Februar 1900 wurde die Strecke zu 2 durch die Berliner Straße bis zum Nassen Gärtertor und im August 1900 bis Schönbusch verlängert; ferner die Sackheimer rechte Straße bis zu Ende und der anschließende Waisenhausplatz bis zum Sackheimer Tor mit Schienen und Leitungen belegt. Demnach wurde eine neue Linie Pillauer Bahnhof—(Straßen wie Linie 1, außerdem Waisenhausplatz)—Sackheimer Tor eingelegt. Bereits 1898 war eine Straßenbahn geplant von der Schmiedestraße über den Schloßberg, Münzplatz, durch die Münzstraße, Burgstraße, den Mitteltragheim, die Schönstraße, Kesselstraße, III. Fließstraße, Nordstraße, Wrangelstraße nach dem Steindammer Tor. Die Genehmigung zu dieser Linie wurde zwar erst am 19. März 1901 erteilt, jedoch konnte infolge des Entgegenkommens der Behörden die Teilstrecke Schmiedestraße—Schönstraße am 15. Dezember 1900 und die Reststrecke am 24. Februar 1901 in Betrieb genommen werden.

Wenn die Stadtgemeinde auch den Vertrag mit der Straßenbahngesellschaft zum 18. Juni 1901 gekündigt hatte, so war der Magistrat nicht willens, die Pferdebahn auf eigene Kosten zu übernehmen und den Betrieb in den elektrischen umzuwandeln; er war vielmehr mit einer namhaften Elektrizitätsgesellschaft in Verhandlung getreten und hatte mit dieser einen für die Stadtgemeinde sehr günstigen Vertrag geschlossen, nach welchem der Gesellschaft die Linien der Pferdebahn und der Stadt gegen eine feste Abgabe überantwortet werden sollten. Die Stadtverordneten-Versammlung jedoch lehnte die Genehmigung des Vertrages ab und beschloß, das Pferdebahnunternehmen nach Elektrisierung in eigene Regie zu nehmen. Diesem Beschluß trat der Magistrat bei.

Die Übernahme der Linien der Pferdebahngesellschaft im alten Stadtbezirke vollzog sich ohne große Schwierigkeiten. Zu den bestehenden Linien kamen die Linien Ostbahnhof—Pillauer Bahnhof, Königstor—Steindammer Tor, Hohe Brücke—Louisenhöh, und Kalthof—Ostbahnhof hinzu. Bis zur Übernahme aller Strecken der Straßenbahngesellschaft (am 1. Juli 1909) wurden häufige Veränderungen der Linien vorgenommen, um das städtische Unternehmen rentabler zu gestalten. Wir können uns jedoch auf diese vielen Änderungen nicht einlassen, weil das zu weit führen würde, und teilen nur die zehn Linien mit, die am 30. Juni 1909 in Betrieb waren: Sackheimer Tor—Cosse, Pillauer Bahnhof—Schlachthof, Schönbusch—Kaiser Wilhelmplatz, Pillauer Bahnhof—Augustastraße, Ostbahnhof—(über die Kaiserstraße, Lindenstraße, den Münchenhofplatz, die Lutherstraße, den Mittelanger, Vorder- und Hinterroßgarten, die Wrangelstraße, den Nachtigallensteig, Paradeplatz, die Poststraße, den Steindamm, Gesekusplatz, die Kantstraße, Kneiphöfsche Langgasse, Vordere Vorstadt, Kaiserstraße) Ostbahnhof, Steindammer Tor—Luisenhöh, Kalthof—Ostbahnhof, Münzplatz—Maraunenhof, Luisenallee—Hauptbahnhöfe.

Sämtliche Schienen der alten Pferdebahnstrecken mußten, weil sie übermäßig abgenutzt und für den elektrischen Betrieb mit den schweren Motorwagen viel zu schwach waren, herausgenommen und durch neue ersetzt werden. Die Wagen, die nur als Anhängewagen verwendet werden konnten, waren äußerst minderwertig und mußten einer umfangreichen Reparatur unterzogen werden. Nach der Übernahme der Linien der Pferdebahn stellte es sich somit bald heraus, daß der Kaufpreis viel zu hoch bemessen war.

Die Fahrtleistungen sowie die Fahrgeldereinnahmen im ganzen und im Verhältnis zur Fahrtleistung während der Rechnungsjahre 1895—1908 gibt Tabelle 40 wieder; über das beschäftigte Personal und die Betriebsmittel am Ende der Rechnungsjahre 1899—1908 orientiert Tabelle 41.

Der Ankauf des Unternehmens der Straßenbahngesellschaft am 1. Juli 1909 war für die Stadt nach verschiedenen Richtungen hin günstig. Zunächst beläuft sich der Wert der gesamten übernommenen Anlagen, Materialien und Geräte gemäß den neuesten nach Übernahme von den städtischen sachverständigen Beamten gemachten genauen Feststellungen auf fast eine volle Million Mark, während die ersten Schätzungen, welche, solange die Anlagen usw. noch Eigentum der Gesellschaft waren, naturgemäß nicht ganz zuverlässig sein konnten, einen Mindestwert von 800 000 Mk. angenommen hatten. Hierzu kommt, daß der Kaufpreis von 1 Million Mark in Königsberger $3^1/_2$ prozentigen Stadtobligationen zu zahlen war. Rechnen wir deren Kursstand mit 94 Prozent — was ziemlich hoch ist —, so hat die Stadtgemeinde in Wahrheit nur 940 000 Mk. gezahlt, also noch nicht einmal so viel, als die Anlage nach der letzten Schätzung wert ist.

Tabelle 40. Fahrtleistungen und Fahrgeldereinnahme der städtischen Straßenbahn 1895—1908.

Rechnungsjahr	Geleistete Wagenkilometer im ganzen	der Motorwagen	der Anhängewagen	Fahrgeldereinnahmen überhaupt Mk.	davon entfallen auf Fahrscheine Mk.	Fahrscheinhefte Mk.	Abonnements Mk.	Einnahme auf den reduzierten Wagenkilometer[1]
1895	235 507	235 507	—	93 292	—	—	—	40,04
1896	360 242	360 242	—	126 765	—	—	—	35,10
1897	411 961	411 961	—	125 473	—	—	—	30,40
1898	1 156 750	1 148 174	8 576	270 044	—	—	—	23,34
1899	1 178 678	1 167 787	10 891	288 353	—	—	—	24,46
1900	1 356 261	1 333 099	23 162	349 928	270 692	70 676	8 560	25,80
1901	2 675 470	2 613 915	61 555	787 934	538 791	205 953	43 090	29,60
1902	3 794 764	3 486 418	308 346	1 043 053	649 410	320 735	73 246	29,20
1903	3 672 851	3 306 147	366 704	1 116 854	790 474	244 246	82 688	32,60
1904	3 701 316	3 402 229	297 087	1 133 600	864 690	185 003	83 913	32,40
1905	3 893 243	3 550 293	342 950	1 251 500	974 006	183 151	94 343	34,20
1906	4 398 668	3 896 297	502 371	1 347 522	1 078 048	179 453	90 020	33,20
1907	4 535 876	3 979 964	555 912	1 409 579	1 151 746	164 182	93 633	33,84
1908	4 558 366	4 004 741	553 625	1 435 898	1 147 974	186 498	101 426	34,28

[1] Der Anhängewagenkilometer wird zu $^1/_3$ Motorwagenkilometer gerechnet.

Tabelle 41. Der städtischen elektrischen Straßenbahn Personal und Betriebsmittel am Ende der Rechnungsjahre 1899—1908.

Schilderungsgegenstand		1899	1900	1901	1902	1903	1904	1905	1906	1907	1908
A. Personal.											
Leitende Beamte		2	2	2	2	2	2	2	2	2	2
Bureaubeamte		5	6	7	8	9	10	10	10	11	12
Betriebsbeamte		1	1	4	3	3	4	4	4	4	4
Betriebskontrolleure		—	—	1	1	1	1	1	1	1	1
Streckenkontrolleure		5	5	9	8	9	9	8	8	9	9
Fahrer		55	56	124	140	136	142	142	164	162	156
Schaffner		58	57	124	140	136	142	149	153	150	165
Werkstättenarbeiter		76	98	152	134	99	102	94	92	98	100
Sonstige ständige Arbeiter		—	—	30	—	35	81	37	46	50	62
B. Betriebsmittel.											
Motorwagen		33	45	94	113	113	113	113	113	109	109
Anhängewagen		5	8	13	34	36	41	44	44	49	52
Gesamtzahl der Sitz- und Stehplätze		1 020	1 462	3 016	4 264	4 324	4 464	4 567	4 567	4 623	4 371
Werkzeugwagen		5	5	10	12	12	12	12	12	13	13
Gesamtlänge der Strecke	km	10,30	13,69	24,83	25,59	25,59	25,48	26,63	28,80	28,80	29,73
Gesamtlänge der Gleise	km	21,10	27,58	54,04	55,64	59,28	59,55	61,82	64,60	64,45	65,98
davon:											
Doppelgleis	km	19,00	25,78	48,52	50,64	50,04	49,88	52,06	53,14	53,14	53,72
Anschlüsse und Nebengleise	km	ca. 1	ca. 1	5,05	5,05	8,67	9,13	9,16	9,28	9,08	9,13
Der Stromleitungen { Gesamtlänge	km	21,10	27,58	54,14	55,64	59,28	59,55	61,82	66,22	66,07	67,94
Der Stromleitungen { Kupfergewicht	kg	9 500	13 700	26 500	27 100	28 800	28 900	30 000	31 900	31 800	32 700

Hierzu kommt, daß der Stadt von der durch die Gesellschaft gestellten Kaution von 112000 Mk. verblieben sind, wofür die Stadt allerdings auf Gegenansprüche, deren Rechtsgültigkeit aber nicht feststand, verzichtete.

Sehr bedeutend sind aber auch die Vorteile, welche der Stadt aus dem Ankaufe erwuchsen.

Vom 1. Juli ab, dem Tage der Übernahme, besitzt die Stadt nunmehr das Monopol auf diesem Gebiete in ihrem Weichbilde. Von dem genannten Tage ab konnte eine Linienführung erfolgen, welche eine zuverlässige Aussicht auf die Zunahme der Rentabilität des städtischen Unternehmens erwarten läßt. Die Linien der Straßenbahngesellschaft wurden jedoch nur zum Teil mit den alten städtischen vereinigt, so die Linie Viehmarkt—Amalienau, Hauptbahnhöfe—Luisenhöhe, Schlachthof—Tiergarten. Die Linie Poststraße—Juditten, welche vom Ratshof ab bis zum Endpunkte im Landkreise Königsberg liegt, wurde beibehalten.

Die von der Gesellschaft übernommenen Wagen zeigten eine sehr starke Abnutzung; sie konnten jedoch bald ausgebessert und wieder in Betrieb gestellt werden. Auch die Maschinen erforderten eine durchgreifende Reparatur. Die Schienen mußten nur zum Teil durch neue ersetzt werden. Die Strecke von der Luisenkirche bis zum Korinthenbaum, welche bisher eingleisig betrieben wurde, baute die Stadt zweigleisig aus.

Durch die Übernahme sämtlicher Anlagen durch die Stadt hörte das Monopol der Gesellschaft auf, die ehemaligen Vorortgemeinden Vorderhufen und Mittelhufen mit elektrischer Energie zu versorgen. Gerade in Mittelhufen liegt eine größere Anzahl von Garten- und Vergnügungslokalen, welche bald nach dem 1. Juli 1909 um Anschluß an das städtische Netz nachsuchten.

Ein weiterer erheblicher Vorteil erwuchs der Stadt daraus, daß sie nach dem Ankauf der Anlagen der Gesellschaft es bald erreichte, daß es in der von der Regierung erteilten Genehmigung zum Bahnbetriebe gestattet wurde, die mehrere Kilometer lange doppelpolige Oberleitung, welche zur Vermeidung von Störungen der Instrumente des physikalischen Instituts der Universität als notwendig erachtet wurde, zu entfernen und den Strom wie gewöhnlich durch die Schienen zurückzuleiten. Dadurch werden die Kosten des Leitungsnetzes nicht unbeträchtlich ermäßigt; im Verhältnis zu ihnen sind die von der Stadt vertragsmäßig übernommenen Anschaffungs- und Unterhaltungskosten störungsfreier Apparate für das Institut ohne Belang.

Zur Übernahme der Anlagen der Gesellschaft nahm die Stadtgemeinde bei der städtischen Sparkasse zunächst eine Anleihe von 1½ Million Mark auf, welche nach Begebung der in der Einleitung erwähnten Anleihe an die Sparkasse zurückgezahlt werden soll. Diese Anleihe soll nicht nur den Verkaufspreis, sondern auch diejenigen Ausgaben decken, welche zum Ausbau usw. der Strecken der ehemaligen Gesellschaft erforderlich sind.

Zu den bei dem Straßenbahnbetriebe sich ergebenden Arbeiten ist zu bemerken, daß die Stadt sämtliche Gleisarbeiten in eigener Regie ausführen läßt. Auf dem Straßenbahndepotgrundstück in Cosse ist außerdem eine größere Werkstatt vorhanden, in der sämtliche Reparaturen von Motorwagen und Anhängewagen und auch der vollständige Umbau der Wagen ausgeführt wird; gelegentlich werden Anhängewagen vollständig neu erbaut. In der Werkstätte werden auch die Uniformen und die Schuhe für das Personal hergestellt und zwar von Schaffnern oder Wagenführern, die sich zur Reserve auf dem Depot bereit halten müssen. Diejenigen, welche mit diesen Arbeiten betraut werden, sind gelernte Schneider bzw. Schuhmacher; es wird bei der Auswahl des Fahrpersonals darauf gesehen, daß derartige Handwerker zur Einstellung kommen. Für ihre Leistungen erhalten diese besondere Vergütungen.

b) Der Fahrgeldtarif.

Der Fahrpreis auf der städtischen elektrischen Straßenbahn betrug zunächst durchweg 10 Pf. Straßenbahnschaffner wurden anfänglich nicht eingestellt, vielmehr das sogenannte Zahlkastensystem eingeführt, d. h. jeder Fahrgast hatte in eine an der Vorderseite des Wagens angebrachte, durch den Wagenführer von außen leicht kontrollierbare Zahlkasse 10 Pf. nach Betreten des Wagens einzuwerfen; der Führer hatte auf Verlangen Geld zu wechseln. Gegen Ende Juni 1897 wurde zur Bequemlichkeit der Fahrgäste, sowie zur Entlastung des Führers und natürlich zur Hebung der Frequentierung der Straßenbahn ein Abonnement durch Verausgabung von Fahrmarken in der Weise eingeführt, daß 12 Fahrmarken im Werte von je 10 Pf. für 1 Mk. verkauft wurden. Verkaufsstellen waren die Kassen der Straßenbahn und der Gasanstalt, die Stadthauptkasse und private Verkaufsstellen. Die privaten Verkaufsstellen erhielten einen Rabatt von 1 v. H. in der Weise, daß ihnen auf 100 Dutzend Fahrmarken ein Dutzend unentgeltlich geliefert wurde. Die Fahrmarken fanden beim Publikum einen sehr guten Eingang. Merkwürdiger Weise war nach einmaligem Zahlen des Fahrgeldes an den Kreuzungspunkten zweier Linien und an allen Stellen, an welchen zwei Strecken zusammenliefen, ein einmaliges Umsteigen ohne nochmalige Entrichtung des Fahrpreises bei unmittelbarer Fortsetzung der Fahrt gestattet.

Wenn auch bei den ersten Linien sich diese Art der Fahrgelderhebung gut bewährte, so ergaben sich nach Inbetriebnahme der weiteren Strecken viele Unzuträglichkeiten, die, wie man annahm, einen Teil des Publikums von der Fahrt abhielt. Daher ging man am 1. April 1900 zur Einstellung von Schaffnern über, was nach dem Bericht der Verwaltung zwar zu einer Erhöhung der Fahrgeldeinnahme führte, die Betriebskosten aber erheblich vergrößerte. Die Fahrmarken wurden abgeschafft, dagegen wurden neben den gewöhnlichen Fahrscheinen zu je 10 Pf., Fahrscheinhefte mit 12 Fahrscheinen zu 1 Mk. ausgegeben. Die Berechtigung des Umsteigens von einer Linie zur andern, ohne erneute Fahrpreiserlegung, wurde beibehalten.

Für die Strecke nach Schönbusch und für die von der Poststraße nach Luisenhöh wurde, wenn die Fahrt einen gewissen Teilstreckenpunkt überschritt, ein Zuschlag von 5 Pf. erhoben; auch hier wurden Fahrscheinhefte und zwar zu 12 Fahrscheinen für 50 Pf. ausgegeben.

Eine weitere Änderung des Tarifes erfolgte vom 9. September 1901 ab dahin, daß bei einem Wagenwechsel 15 Pf. für die Fahrt zu zahlen waren, sofern die Endpunkte der Straßenbahnstrecke nicht außerhalb der Wälle lagen.

Im März 1903 wurde von dem einheitlichen Tarif von 10 Pf. abgesehen, und der Fahrpreis auf mehreren längeren Strecken nach den Vororten auf 15 Pf. erhöht. Ferner enthielten die Fahrscheinhefte für 1 Mk. nur noch 11 Fahrscheine.

Von 1904 ab galt allgemein der Grundsatz, daß für die Fahrten innerhalb der Umwallung 10 Pf. erhoben werden; bei denjenigen Strecken, welche aus den Wällen herausführten, wurde ein Fahrpreis von 15 Pf. festgesetzt, wenn bestimmte Teilstreckenpunkte durchfahren wurden. Beim Umsteigen auf einer 10 Pf.-Strecke waren 15 Pf., und bei dem auf einigen 15 Pf.-Strecken 20 Pf. zu entrichten.

Einschneidende Änderungen brachte der vom 1. Juli 1909 bei Übernahme sämtlicher Linien der Straßenbahnaktiengesellschaft in Kraft getretene Tarif. Nach diesem wurde der Einheitspreis von 10 Pf. für jede Fahrt innerhalb der Umwallung nur zum Teil beibehalten. Bei Berechnung der Fahrpreise wurde von der Zurücklegung der Entfernung ausgegangen und zwar sind nunmehr für eine Strecke von durchschnittlich 3 km 10 Pf., für eine solche von durchschnittlich 3—5 km 15 Pf. und für eine längere Strecke 20 Pf. zu entrichten; der Fahrpreis für die ganze Strecke von der Poststraße nach Juditten beträgt 25 Pf.; bald wurden auf dieser Strecke Rückfahrkarten für 30 Pf. eingeführt, aber nur für Fahrten, die von 2 Uhr nachmittags ab angetreten werden. Später wurde auf einigen Linien die Teilstreckeneinteilung günstiger abgeändert.

Tabelle 42. Die Aktiva und Passiva der Bilanzen der städtischen elektrischen Straßenbahn 1895—1908.

Rechnungsjahr	Schlußsumme der Aktiva und Passiva	Aktivseite der Bilanz: Buchwert: der von der Stadt erbauten Anlagen	Aktivseite der Bilanz: Buchwert: der von der Gesellschaft erworbenen Anlagen	Aktivseite der Bilanz: Magazinbestände	Aktivseite der Bilanz: Effekten	Aktivseite der Bilanz: Anlagekosten ohne Gegenwert	Aktivseite der Bilanz: Verluste	Passivseite der Bilanz: Schulden	Passivseite der Bilanz: Selbstversicherungsfonds	Passivseite der Bilanz: Erweiterungsfonds	Passivseite der Bilanz: Gewinn
	Mk.	Mk.	Mk.	Mk.	Mk.	Mk.	Mk.	Mk.	Mk.	Mk.	Mk.
1895	**372 917**	313 013	—	12 620	—	—	—	345 444	—	—	8 255
1896	**356 063**	288 533	—	13 444	—	—	—	325 112	—	—	17 161
1897	**367 758**	260 527	—	12 773	50 100	—	—	328 727	—	5 415	12 877
1898	**1 025 488**	891 006	—	20 345	75 100	—	18 440	1 006 725	—	9 971	—
1899	**1 224 575**	1 018 198	—	22 258	91 100	—	58 898	1 214 042	—	9 972	—
1900	**1 728 701**	1 489 033	—	23 999	91 100	—	105 449	1 718 829	—	9 972	—
1901	**5 024 020**	3 216 826	333 785	50 805	91 100	325 034	184 025	5 015 139	—	—	—
1902	**5 401 921**	3 513 923	316 446	62 300	91 100	327 063	393 486	4 999 914	2 007	—	—
1903	**5 592 342**	4 170 717	299 106	43 212	93 107	327 063	622 275	5 579 325	13 016	—	—
1904	**5 744 135**	4 045 579	262 767	44 827	115 020	334 398	869 499	5 026 638	23 920	—	—
1905	**5 780 397**	4 975 558	248 877	42 276	109 766	355 417	1 052 317	5 749 664	30 006	10 600	—
1906	**5 837 560**	3 902 390	224 763	58 053	102 727	355 417	1 193 308	5 760 357	42 527	19 100	—
1907	**5 786 002**	3 554 351	205 648	65 005	78 970	355 417	1 366 566	5 926 876	34 475	24 600	—
1908	**5 787 942**	3 559 712	186 684	71 830	61 433	355 417	1 552 865	5 667 939	—	25 461	—

Tabelle 43. Vermögensstand und Rentabilität der elektrischen Straßenbahnen.

Schilderungsgegenstand	1903	1904	1905	1906	1907	1908
I. Städtische elektrische Straßenbahn.						
A. Vermögensstand zu Beginn des Jahres.						
Anschaffungswert der Anlagen	4 550 557	5 550 842	5 662 772	5 904 661	6 073 067	6 127 293
Effekten	91 100	91 100	93 107	109 766	102 726	79 970
Zusammen Bruttovermögen	**4 641 657**	**5 641 942**	**5 755 879**	**6 014 427**	**6 175 793**	**6 206 263**
Schulden	5 535 090	5 579 325	5 717 999	5 709 665	5 760 358	5 726 876
dav. Schuld bei der Kämmerei	214 526	371 460	510 603	567 040	567 040	616 226
Reinvermögen oder Schulden	–893 433	+ 62 617	+ 37 880	+305 762	+415 435	+479 387
B. Bruttoüberschüsse.						
Abschreibungen	270 832	273 915	276 023	283 413	296 672	278 159
Verzinsung	242 183	210 118	225 528	224 964	213 418	222 576
Neue Rücklagen	11 009	—	—	—	—	21 200
Straßenmiete	60 000	66 000	66 000	66 000	66 000	66 000
Zusammen	**584 024**	**550 033**	**567 551**	**574 377**	**576 090**	**587 935**
C. Verlust.	228 789	238 342	205 193	140 992	173 253	182 184
D. Bruttoüberschuß abzüglich Verlust.						
überhaupt	**355 235**	**261 991**	**362 358**	**433 385**	**402 837**	**405 751**
v. H. des Bruttovermögens	7,65	4,6	6,3	7,2	6,5	6,5
II. Straßenbahn-Aktiengesellschaft.						
A. Investiertes Kapital.						
Aktienkapital	2 770 000	2 770 000	2 770 000	2 770 000	2 770 000	.
Obligationenkapital	1 101 800	1 095 800	1 070 800	1 070 800	976 500	.
Zusammen	**3 871 800**	**3 865 800**	**3 840 800**	**3 847 800**	**3 753 500**	.
B. Bruttoüberschüsse.						
Abschreibungen	—	—	—	—	—	.
Zinsen	39 515	53 440	52 115	50 140	20 000	.
Neue Rücklagen	—	12 000	11 968	12 252	16 640	.
Gewinn	—	170	3 186	3 917	12 387	.
Zusammen	39 515	65 610	67 269	66 309	49 027	.
C. Verlust	15 691	—	—	—	—	.
D. Bruttoüberschuß.						
überhaupt	**23 824**	**65 610**	**67 269**	**66 309**	**49 027**	.
v. H. des investierten Kapitals	0,6	1,6	1,8	1,7	1,3	.

c) Die finanziellen Ergebnisse.

Die Mittel zum Bau und zur Erweiterung der Straßenbahn sind durch Anleihen aufgebracht worden. Die erste Anleihe von 1896 betrug 1 000 000 Mk., die von 1899 3 100 000 Mk. und die von 1901 1 705 000 Mk.; aus Anlaß der Übernahme der Strecken der Straßenbahnaktiengesellschaft und zur Erweiterung der Strecken der alten städtischen Straßenbahn ist nach dem Anleiheplan von 1909 ein weiterer Anleihebetrag von 3 893 000 Mk. für die Straßenbahn vorgesehen.

Abweichend von der Pferdebahn- und Straßenbahn-Aktiengesellschaft hat die Stadtgemeinde bei ihrem Straßenbahnunternehmen stets Abschreibungen vorgenommen. Diese betragen bei Bureauutensilien und der Depoteinrichtung und bei den Gebäuden 2 Prozent des Anschaffungspreises, bei den Wagen (ausschließlich der Motore), bei der Gleisanlage, der elektrischen Streckenausrüstung 5 Prozent, bei der elektrischen Wagenausrüstung 7,5 Prozent, bei den Werkzeugen und Geräten 15 Prozent und bei den Monturen 50 Prozent.

Über die Aktiva und Passiva der städtischen Straßenbahnen am Ende der Rechnungsjahre 1895—1908 gibt die folgende Tabelle 41 Auskunft. Zu deren Angaben ist zu bemerken, daß von dem Gewinn in den Jahren 1895—1897 insgesamt 20 000 Mk. an die Kämmerei abgeliefert worden sind. Seit 1903 hat die Straßenbahn an die Stadt jährlich 60 000 Mk. für Straßenmiete zu zahlen, seit 1904 ist dazu eine Summe von 6000 Mk. hinzugetreten, welche ein Ersatz für die Verschlechterung und stärkere Abnützung des Straßenpflasters durch die Gleise bilden soll. Beide Summen von insgesamt 66 000 Mk. sind in jedem Falle an die Kämmereikasse zu zahlen und zwar selbst dann, wenn die Ausgaben die Einnahmen nicht decken. Die aus dem Kämmereivermögen zur Balancierung an die Straßenbahn gegebenen Beträge sind von dieser mit $3^1/_2$ Prozent zu verzinsen.

In Tabelle 43 ist eine Berechnung des Vermögensstandes und der Rentabilität der städtischen elektrischen Straßenbahn für die Rechnungsjahre 1903—1908 aufgemacht. Danach ergaben sich bei Einrechnung der Abschreibungen in allen Jahren reine Überschüsse, die eine nicht gerade ungünstige Rentabilität des Bruttovermögens gewährleisteten. Die im Jahre 1903 erscheinende reine Schuld von 893 433 Mk. hat nur bei Beginn dieses Jahres bestanden, da verschiedene bedeutende Teile des Bruttovermögens an diesem Tage noch nicht in Rechnung gestellt werden konnten. In den folgenden Jahren findet sich ein wenn auch nicht hohes

Reinvermögen der städtischen Straßenbahn. Zu den Schulden sind auch die aus Kämmereimitteln hergegebenen Summen gerechnet worden.

Im zweiten Teil der Tabelle ist eine Rentabilitätsberechnung der Straßenbahnaktiengesellschaft versucht worden. Da es nicht möglich war, den Anschaffungswert und das über diesen hinaus vorhandene in Effekten angelegte Vermögen festzustellen, so ist hier das Aktienkapital zusammen mit dem Obligationenkapital als investiertes Kapital an Stelle des Bruttovermögens bei der städtischen Straßenbahn herangezogen worden. Die schwebende Schuld der Straßenbahngesellschaft blieb unberücksichtigt, weil sich aus den Bilanzen keine Anhaltspunkte ergaben, aus denen hätte beurteilt werden können, welche Beträge auf der Aktivseite der Bilanz davon abzuziehen sein würden. Die Bruttoüberschüsse sind sicherlich viel zu hoch angegeben; doch konnte bei der Undurchsichtigkeit der Gewinn- und Verlustrechnungen und bei dem Fehlen der Angaben, welche Aufwendungen für die Unterhaltung und Ausbesserung des festen und rollenden Materials gemacht worden sind, eine andere Berechnung nicht aufgestellt werden. Aber auch nach unserer Aufstellung ergibt sich eine ganz außerordentlich geringe Verzinsung des investierten Kapitals.

Nach der Übernahme der letzten Linien der Straßenbahngesellschaft schien wegen der Erhöhung des Fahrgeldes die Rentabilität der Straßenbahn zunächst gefährdet zu sein. Nachdem die infolge der Erhöhung des Tarifes sich erhebende Entrüstung der Einwohner abgeflaut war, nahm der zuerst eintretende leichte Rückschlag in Benutzung der Straßenbahn recht bald ab. Auch diejenigen, die nach Verteuerung der Fahrt anfänglich den Weg zu ihrer Beschäftigungsstelle zu Fuß zurücklegten, benutzten doch bald wieder die Straßenbahn. In den letzten Monaten ist die Einnahme stetig gestiegen; sie erreichte im Oktober 1909 mit 38,0 Pf. auf den reduzierten Wagenkilometer einen Stand, wie er seit dem ersten Jahre des Bestehens der städtischen elektrischen Straßenbahn bisher nicht erreicht worden war.

IV. Die städtischen Handelsanstalten und der Hafen.

1. Die städtischen Handelsanstalten.

Zu den städtischen Handelsanstalten werden die Speicher: Aschhof, Bahnhofstraße 20/27, Heringsbrakanstalt, Kneiphöfsche Vorderwage, Knochenstraße 28, der Kranspeicher, Lastadienstraße 48, Lizentstraße 10½, Ölmagazin, ferner die städtische Werfthalle mit 6 Winkelkranen und die Brückenwagen auf dem Viehmarkt und auf dem Neuen Markt gerechnet.

Die Speicher sind bis auf den Aschhof auf langfristigen Vertrag vermietet. Der Aschhof ist es jedoch nur zum Teil; zum größten Teil dient er gegenwärtig zu Zwangseinlagerungen, die von der Stadt auf Rechnung Dritter seit 1909 gegen eine Provision von 1 pro Mille übernommen sind. Auf dem Aschhofe ist außerdem eine Wage aufgestellt. Das Ölmagazin dient zum Teil als Zollschuppen. Die Werfthalle ist neuerbaut und erst 1904 in Betrieb genommen.

Bei der Werfthalle wird ein Abfertigungsgeld von allen Gütern, welche durch sie gehen, erhoben; es beträgt im allgemeinen 6 Pf. für 100 kg; hierzu kommt ein Zuschlag von 10 Pf. für 100 kg bei Gütern von mehr als 1000 kg Einzelgewicht, und von 6 Pf. für 100 kg bei Sperrgut; zu letzterem gehört u. a. Holz, Fahrzeuge, Federn in ungepreßten Ballen, Häcksel, Heu, Lumpen, Stroh, Röhren von mehr als 15 cm lichter Breite, Tonröhren, Watte, Wolle und Wollabfälle in ungepreßten Ballen. Das Lagergeld wird von Waren erhoben, welche innerhalb 48 Stunden nicht abgefahren werden; es beträgt für je 24 Stunden und je 100 kg 4 Pf. Das Wiegegeld beträgt 3 Pf. für 100 kg. Das Krangeld ist im folgenden Abschnitt mitgeteilt. Für die Lagerung von Waren in den städtischen Speichern werden Gebühren nach einem Güterklassen unterscheidenden Tarife erhoben, auf welchen hier jedoch wegen der großen Verschiedenheiten der einzelnen Sätze nicht eingegangen werden kann.

Über den Schiffsverkehr an der Werfthalle, sowie über den Warenverkehr in der Werfthalle und dem Aschhofe von 1905—1908 geben die Tabellen 44 und 45 Auskunft.

Tabelle 44. Der Schiffsverkehr an der städtischen Werfthalle in den Rechnungsjahren 1905—1908.

Jahr	Anzahl der Seedampfer	Anzahl der Flußdampfer	Gewicht der ausgeladenen Stückgüter t	Abfertigung der ausgeladenen Güter: im Lokoverkehr t	Abfertigung der ausgeladenen Güter: im Transitverkehr mit der Bahn t	Abfertigung der ausgeladenen Güter: im Transitverkehr mit Flußschiffen t
1905	243	—	60 241	47 600	10 265	2 376
1906	332	9	103 336	83 463	14 470	5 403
1907	361	16	110 449	85 449	18 716	4 837[1]
1908	352	17	98 698	75 101	18 264	3 711[2]

[1] Außerdem 1 445 658 kg mit Seeschiffen. In den früheren Jahren hat eine Abfertigung im Transitverkehr mit Seeschiffen nur in ganz geringem Umfange stattgefunden.

[2] Außerdem 1 622 t mit Seeschiffen.

Tabelle 45. Der Warenverkehr in der städtischen Werfthalle und auf dem städtischen Aschhofe in den Rechnungsjahren 1905—1908.

Handelsanstalt / Güter	1905			1906			1907			1908			Bestand am 1. April 1908
	Bestand am 1. April	Zugang im Rechnungsjahre	Abgang im Rechnungsjahre	Bestand am 1. April	Zugang im Rechnungsjahre	Abgang im Rechnungsjahre	Bestand am 1. April	Zugang im Rechnungsjahre	Abgang im Rechnungsjahre	Bestand am 1. April	Zugang im Rechnungsjahre	Abgang im Rechnungsjahre	
	kg	kg	kg	kg	kg	kg	kg	kg	kg	kg	kg	kg	kg
A. Werfthalle.													
Gesamtverkehr . .	**36 112**	**2 434 690**	**2 144 150**	**326 652**	**4 153 452**	**3 860 114**	**619 990**	**3 850 139**	**3 959 773**	**510 356**	**4 370 421**	**4 381 634**	**499 145**
davon u. a.													
Kolonialwaren . .	—	32 519	32 519	—	25 855	25 675	180	21 104	18 274	3 010	56 864	59 477	397
Drogen und Chemikalien	1 295	66 646	66 766	1 175	110 805	104 814	7 166	65 918	63 990	9 094	31 828	39 762	1 160
Getreide	—	67 852	67 852	—	45 705	45 705	—	—	—	—	—	—	—
Häute, gesalzene .	—	408 692	380 192	28 500	341 613	277 323	92 790	409 998	475 768	27 020	507 100	412 032	122 088
" trockene . .	—	182 653	176 540	6 113	211 429	181 425	36 117	49 843	80 767	5 193	3 974	6 426	1 741
Öle	18 800	139 381	125 612	32 569	89 797	96 247	26 119	92 860	96 659	22 320	76 099	91 333	7 086
Papier	9 863	408 051	367 060	50 854	576 760	586 155	41 459	248 299	298 902	92 062	328 760	385 683	35 159
Teer	—	485 147	386 446	98 701	1 087 353	967 068	218 986	863 383	745 519	101 122	794 267	725 397	169 992
B. Aschhof.													
Gesamtverkehr . .	**468 213**	**4 057 228**	**3 698 798**	**826 643**	**3 414 885**	**3 577 755**	**663 773**	**4 172 193**	**4 319 292**	**810 872**	**3 949 460**	**4 018 911**	**741 421**
davon u. a.													
Hanf, Flachs, Heede	455 211	3 955 108	3 610 565	799 754	2 969 999	3 223 451	546 302	3 829 323	3 575 140	800 485	3 292 435	3 504 618	588 302
Melasse	3 950	67 795	57 875	13 870	52 300	60 895	5 275	85 060	83 943	6 392	65 250	63 692	7 950

Tabelle 46. Anschaffungswert, Ausgaben und Einnahmen der Werfthalle und des Aschhofes 1904—1908.

Handelsanstalt Rechnungsjahr	Anschaffungs- bzw. Taxwert Mk.	Ausgaben Zinsen Mk.	für Amortisation Mk.	für Unterhaltung Mk.	für neue Rücklagen Mk.	Zusammen Mk.	Einnahmen Mk.	Überschuß Mk.
A. Werfthalle.								
1904	770 000	11 002	4 428	24 312	4 000	43 742	16 410	— 27 332
1905	770 000	26 406	10 626	67 872	9 600	114 503	72 679	— 41 824
1906	770 000	27 717	11 726	106 144	22 000	167 787	143 268	— 24 519
1907	770 000	27 134	11 981	113 240	14 283	166 638	146 661	— 19 977
1908	777 000	27 034	12 623	100 909	16 643	157 209	131 413	— 25 796
B. Aschhof.								
1904	388 500	—	—	7 959	—	7 959	29 788	+ 21 829
1905	388 500	—	—	10 038	—	10 038	26.469	+ 18 431
1906	388 500	—	—	7 413	—	7 413	30 312	+ 22 899
1907	388 500	—	—	7 864	—	7 864	28 404	+ 20 540
1908	388 500	—	—	31 189	—	31 189	53 240	+ 22 051

Über die Einnahmen und Ausgaben beim Aschhofe und bei der Werfthalle geben wir in Tabelle 46 nähere Mitteilungen. Danach erfordert die Werfthalle noch stets Zuschüsse, wobei jedoch in Betracht zu ziehen ist, daß den Zuschüssen zum Teil neue Rücklagen und Amortisationsbeträge gegenüberstehen. Alle städtischen Handelsanstalten zusammen brachten jedoch Überschüsse. Diese stellten sich 1904 auf 19 314 Mk., 1905 auf 6739 Mk., 1906 auf 35 084 Mk., 1907 auf 35 508 Mk. und 1908 auf 40 386 Mk.

2. Der Hafen.

Für sämtliche Waren, die zu Wasser oder zu Lande in das Weichbild Königsbergs gelangten, wurden seit mehreren Jahrhunderten Abgaben verschiedener Art erhoben. Im Jahre 1802 wurden diese Handelsgefälle mit Genehmigung der zuständigen Staatsbehörden erhöht, weil sich ergeben hatte, daß die aufkommenden Beträge für die Kosten der Unterhaltung des Hafens und der sogenannten Handelsanstalten nicht ausreichten. Die Mängel dieses Tarifes machten eine Neubearbeitung notwendig; der neue Tarif wurde 1804 mit der Klausel genehmigt, daß die Erhebung nach demselben nur so lange fortdauern sollte, als der Zustand der Kämmereikasse es notwendig machen würde. Da infolge des unglücklichen Krieges von 1806/07 die Stadt in die drückendste Verlegenheit geriet, so erhöhten die städtischen Körperschaften 1809 die Tarifsätze, ohne die Genehmigung der Staatsbehörden einzuholen. In den Tarif wurde ein neuer Erhebungstitel, das „Kämmereigeld", eingeführt, dessen Erhebung der Stadt bisher nicht zugestanden hatte; von ihm wurden sämtliche in Königsberg zu Wasser oder zu Lande eingehenden Gegenstände betroffen, selbst wenn sie nur durch die Stadt durchgingen. Nach dem neuen Tarif kamen in Frage: a) Kämmereigeld, b) Wagegeld, c) Löschgeld, d) Meßgeld, e) Braakgeld, f) Lagergeld; außerdem wurden Strom-, Pfahl-, Stände- und Marktgelder erhoben. Bei den Abgaben zu b bis f handelte es sich, wie ihr Namen besagt, um Vergütungen für Leistungen der Stadt; beim Kämmereigeld wurde das vom Magistrat ebenfalls behauptet, von den Verpflichteten und den Staatsbehörden aber bestritten. Trotzdem die Erhebung des Kämmereigeldes, zu welcher die erforderliche Genehmigung vom Staate nicht einmal einzuholen versucht worden war, von der Königlichen Regierung schon seit 1809 wiederholt untersagt wurde, weil es eine indirekte Besteuerung darstelle und seine Erhebung von der Staatsregierung genehmigt werden müsse, so blieb die Stadt tatsächlich im Besitze dieser Abgabe, da wegen der bedrängten Lage der Stadt ein direktes Verbot nicht erging, die angeordnete Umarbeitung des Tarifes des Kämmereigeldes aber unterblieb. Auch nach Inkrafttreten des Zollgesetzes vom 26. Mai 1818, durch welches die Binnenzölle in Preußen — zu diesen war das Kämmereigeld unbedingt zu rechnen — aufgehoben wurden, blieb dasselbe unverändert bestehen. Nach längerer Verhandlung zwischen der Stadtgemeinde, des Vorsteheramtes der Kaufmannschaft und der Königlichen Regierung wurde im Jahre 1826 trotzdem ein neuer Tarif des Kämmereigeldes ausgearbeitet, der fortan den Namen „Handelsunkostengeld" trug.

Bereits 1827 wurde vom Finanzministerium die Einstellung der Erhebung dieser Abgabe verlangt, weil sie nach Natur und Ursprung als „Kommunal-Warenzoll" anzusehen sei. Trotzdem wurde durch Allerhöchste Kabinettsordre vom 11. Juli 1829 die Forterhebung des Handelsunkostengeldes bis zum Schlusse des Jahres 1830 genehmigt. Aber trotz alledem blieb der Tarif von 1826 um der bedrängten Lage der Stadt willen bestehen. Bei der im Jahre 1832 erfolgten Umarbeitung des Tarifs wünschte die Stadt die betreffenden Abgaben unter den Namen „Brücken-, Bohlwerks- und Pflastergeld" zu erheben. Die frühere Bezeichnung „Handelsunkostengeld" mußte jedoch beibehalten werden.

Diese Abgabe wurde zwar 1843 ermäßigt, sie wurde jedoch erst am 1. Januar 1855 endgültig abgeschafft.

Es dürfte äußerst bemerkenswert sein, wie es der Stadtgemeinde durch hartnäckiges Festhalten an ihrem — wir können es heute ruhig aussprechen — nur vermeintlichen Rechte gelang, sich die Erhebung des Handelsunkostengeldes, das tatsächlich gänzlich die Natur und den Charakter eines Binnenzolles trug, solange nach dem Inkrafttreten des preußischen Zollgesetzes von 1818 und nach der Gründung des deutschen Zollvereins von 1834 zu erhalten.

Die aus dieser Abgabe erhobenen Beträge waren allerdings für die damaligen Verhältnisse nicht unbedeutend. Es betrug nämlich im Jahre 1854, dem letzten Jahre des Bestehens, das eingekommene Handelsunkostengeld 32 979 Taler und das dazu gehörige Scheffelgeld 4834 Taler, im ganzen also 37 803 Taler.

Wie die übrigen oben unter b bis f aufgeführten Abgaben, blieben auch die unter dem Sammelnamen Strom- und Pfahlgelder erhobenen Gebühren bestehen. Die Stromgefälle dienten zur Bestreitung der Unterhaltungskosten der Strompolizei, die Pfahlgelder zur Unterhaltung der Ternpfähle. Die Stadt trug aber nicht nur die Kosten der Strompolizei, und der Unterhaltung der Ternpfähle, sie führte auch auf ihre Kosten die Baggerungen im Pregel aus und unterhielt die nicht im Privateigentume befindlichen Bohlwerke. Die letztgenannte Leistung der Stadt wurde jedoch erst bei Aufstellung eines neuen Tarifes für die Strom- und Pfahlgelder gegen die Einnahmen aus diesen in Anrechnung gebracht, was aber nicht die staatliche Genehmigung fand. Nach dem neuen Tarif von 1865, durch welchen die bisherigen Gebühren um die Hälfte ermäßigt wurden, sollten die Strom- und Pfahlgelder nur Gebühren für Benutzung zum Befahren des Hafens und zum Liegen von Fahrzeugen sein. Diese Gebühren betrugen bei Seeschiffen 7 Pf. für je 4 cbm Raumgehalt, bei Wittinnen und Boydaks (kleinen Binnensegelschiffen) je nach Länge 1,80 bis 5,23 Mk., bei anderen Fahrzeugen je nach der Tragfähigkeit 0,10—3 Mk. und bei Flößen 1—3 Pf. für den Raummeter. Da infolge der Aufhebung der Schlacht- und Mahlsteuer die Königlichen Baumämter, welche gegen Tantièmen das Strom- und Pfahlgeld erhoben hatten, die Einziehung dieser Abgaben sehr erschwert wurde, und weil die Regierung gegen den Willen der städtischen Körperschaften das Gehalt der Strompolizeibeamten erhöht hatte, so verzichtete die Stadtgemeinde im Vertrage von 1875 auf die Erhebung des Strom- und Pfahlgeldes, während der Staat die persönlichen und sachlichen Kosten der Strompolizei in vollem Umfange übernahm. Die Stadtgemeinde erkannte ihrerseits jedoch die Verpflichtung zu Baggerungen im Pregel und zur Unterhaltung der Ternpfähle, sowie der städtischen Ladebrücken, Bohlwerke, Futtermauern und Brückenhochklappen aus städtischen Mitteln an.

Das Strom- und Pfahlgeld hatte im Durchschnitt der Jahre 1871, 1872 und 1873 von Seeschiffen 11160 Mk., von Wittinnen und Boydecks 2610 Mk., von anderen Fahrzeugen 6690 Mk. und von Flößen 900 Mk., im ganzen also 21360 Mk. erbracht.

Als der Staat am Ende des 19. Jahrhunderts die Vertiefung der Fahrrinne durch das Frische Haff und den Pregel von Pillau bis Königsberg auf 6,5 m zu unternehmen sich entschloß, sah sich die Stadtgemeinde gezwungen, für die Vertiefung und die sonstige Verbesserung des städtischen Hafens zu sorgen. Die vorhandenen, meist baufälligen alten Uferbefestigungen erforderten außerdem eine durchgreifende Erneuerung, auch mußte vielfach eine Begradigung der Ufer erfolgen. Diese Arbeiten verursachten bedeutende Kosten und zwar von rund 6500000 Mk., die durch eine Anleihe beschafft wurden. Die Deckung der erforderlichen Unterhaltungskosten dieser Anlagen, sowie die Verzinsung und Amortisierung der Anleihe konnte unmöglich aus Steuern erfolgen. Daher sah sich die Stadtgemeinde zur Einführung von Hafenabgaben genötigt. Nach langen Verhandlungen kam der Tarif für die städtischen Hafenabgaben vom 14. Juni 1905 zustande.

Dieser Tarif unterscheidet zwischen Hafengeld, Ufergeld, Krangeld und Brückenaufzugsgeld. An Hafengeld wird erhoben beim Eingang und Ausgang von seewärts oder haffwärts ein- oder ausgehenden Seeschiffen für den Kubikmeter Nettoraumgehalt von Fahrzeugen bis zu 200 cbm je 1,5 Pf., bei größeren Fahrzeugen 3 Pf., bei geeichten Binnenfahrzeugen für die Tonne Tragfähigkeit 1,5 Pf., von ungeeichten Binnenfahrzeugen je nach der von Schott zu Schott gemessenen Länge 30 Pf. bis 4,50 Mk.; von Holzflößen wird nur beim Eingange für das Festmeter 1 Pf. erhoben.

Das Ufergeld beträgt bei Gütern, welche über die der Stadt gehörenden Kais und Bohlwerke aus Seeschiffen gelöscht oder in solche verladen werden, für den Doppelzentner in Güterklasse I 2 Pf., II 1 Pf., III 0,7 Pf.

Als Krangeld für die Benutzung der Winkelkräne an der Wasserseite der städtischen Werfthalle sind auf den Doppelzentner zu zahlen für Verladung aus der Werfthalle ins Schiff und umgekehrt bei Einzelgewicht bis 15 dz einschließlich 4 Pf., bei Einzelgewicht von mehr als

15 bis einschließlich 20 dz 6 Pf. und bei Einzelgewicht von mehr als 20 dz 7 Pf.

Das Brückenaufzugsgeld stellt sich bei jeder zu öffnenden städtischen Brücke von Seeschiffen bis zu 100 cbm Nettoraumgehalt auf 0,25 Mk., von mehr als 100—300 cbm auf 0,50 Mk., 300—1000 cbm auf 1 Mk., 1000—1500 cbm auf 2 Mk. und von über 1500 cbm auf 3 Mk., von Flußdampfern 0,50 Mk., von anderen Flußschiffen bis zu 25 Tonnen Tragfähigkeit auf 0,25 Mk. und von größeren Flußschiffen auf 0,50 Mk.

Es betrug (an Isteinnahme)

im Rechnungsjahre	das Hafengeld von Seeschiffen Mk.	das Hafengeld von Binnenschiffen Mk.	das Hafengeld von Flößen Mk.	das Ufergeld Mk.
1908	77 198	23 998	1400	40 481
1907	78 426	23 343	2270	43 602
1906	75 868	23 748	2502	41 339
1905	56 097	16 924	1628	29 971.

F. Ergänzungen, Zusammenfassung, Schlußwort.

Nicht zu den städtischen Betrieben werden in Königsberg einige Verwaltungszweige gerechnet, welche in anderen Städten als Betriebe gelten. Das sind u. a. — wir erwähnen nur die bedeutenderen — die Hochbauverwaltung, die Straßen- und Brückenbauverwaltung und das Vermessungsamt. Die *Hochbauverwaltung* beschäftigt sich lediglich mit der Projektierung und Beaufsichtigung der Hochbauten, mit der Revision der städtischen Gebäude hinsichtlich der etwa notwendigen Reparaturen; sämtliche Arbeiten werden an Unternehmer vergeben.

Die *Straßen- und Brückenbauverwaltung* führt dagegen zahlreiche Arbeiten in eigener Regie aus. Allerdings sind die von der Stadt erbauten *Brücken* nicht auch in einem städtischen Betriebe ausgeführt worden, weil sich das von selbst verbietet. Dagegen werden die Brücken von der Stadt selbst unterhalten; auch das Öffnen der Brücken zum Durchlassen der Schiffe wird von städtischen Angestellten bewirkt, und die Stadt zieht die Gebühren für das Öffnen ein. Ferner werden zwei Fähren von der Stadt unterhalten. Die für die Benutzung der Fähren und das Öffnen der Brücken eingehenden Beträge decken kaum die Kosten der Unterhaltung, geschweige denn, daß auch nur ein geringer Teil der Verzinsung des investierten Kapitals aufgebracht würde.

Die Unterhaltung des *Pflasters* in den Straßen und Plätzen erfolgt durch ständige Arbeiterkolonnen, welche von der Stadt eingestellt und gelöhnt werden. Nur kleinere Neupflasterungen werden submittiert und an Unternehmer vergeben, bedeutendere führt dagegen die Stadt selbst aus, da in Königsberg keine geeigneten Steinsetzunternehmer vorhanden sind, welche die erforderliche große Anzahl von Arbeitern längere Zeit beschäftigen könnten. Bei den Asphaltierungen und Holzpflasterungen werden die Erdarbeiten von der Stadt hergestellt, die Betonierungs- und Asphaltierungs- bezw. Holzpflasterungsarbeiten durch auswärtige Unternehmer, welche meistens auswärtige Arbeiter beschäftigen. Die Pflastersteine (nicht aber das Holzpflaster, Asphalt usw.) werden in jedem Falle von der Stadt angekauft und auf einem für diesen Zweck besonders hergerichteten Stätteplatze gelagert.

Vom *Vermessungsamte* werden die früher von privaten Landmessern für die Stadt vorgenommenen Vermessungen usw. geleistet. Die von dem Vermessungsamte hergestellten Pläne können an Private verkauft werden. In geringem Umfange führt das Vermessungsamt auch für Private entgeltlich Aufträge aus, z. B. erteilt es bei Neubauten Bescheinigungen über die Innehaltung der Fluchtlinien.

Als Unternehmerin betätigte sich die Stadtgemeinde durch den *Neubau* und die *Vermietung einer Kaserne für ein Artillerieregiment* vor dem Roßgärter Tore an der Cranzer Chaussee. Durch einen im April 1908 abgeschlossenen Vertrag verpflichtete sich die Stadtgemeinde auf dem bezeichneten rund 8 ha großen Gelände eine Kaserne für ein Regiment Feldartillerie nebst Offizierspeiseanstalt zu erbauen und der Militärverwaltung zu vermieten. Der Bau soll bis zum 1. Oktober 1910 fertiggestellt sein. Der Reichs-(Militär-)Fiskus mietet die Kaserne vom Tage der Bauabnahme ab zur ausschließlichen Benutzung auf dreißig Jahre. Nach Ablauf dieser Frist haben die Parteien sich zu erklären, ob sie einer Verlängerung des Vertrages auf weitere dreißig Jahre zustimmen. Will das der Reichs-Militärfiskus nicht, so ist er verpflichtet, die Kaserne nach Ablauf der Vertragsdauer zum derzeitigen Buchwerte käuflich zu übernehmen. Die jährliche Miete wird berechnet mit 4 Prozent der Grunderwerbskosten und mit 6 Prozent der Baukosten; von den während des Baues für Grunderwerb und Bauausführung aufgewendeten Beträgen werden von deren Zahlung ab bis zum Beginn der Mietszeit 4 Prozent Zinsen gewährt; diese Bau- und Grunderwerbszinsen werden ebenso wie die Grunderwerbskosten bei Berechnung der Miete mit 4 Prozent verzinst. Die bauliche Unterhaltung der Gebäude übernimmt die Stadt. Diese hat am Schlusse jedes Rechnungsjahres den Buchwert der Anlagen festzustellen, welcher ja für den Ankauf der Kaserne durch den Fiskus von großer Wichtigkeit ist. Der erstmalige Buchwert setzt sich aus den Grunderwerbs- und Baukosten einschließlich des bei Aufnahme des Baukapitals entstehenden Kursverlustes zusammen. Alljährlich ist von dem Buchwerte am Ende des Vorjahres der Überschuß der Einnahmen der Stadt (aus der Vermietung) über die Ausgaben des laufenden Jahres abzuziehen; zu den Ausgaben gehören u. a. die Unterhaltungskosten und die Zinsen für das aufgewendete Kapital sowie 0,5 Prozent der zu verzinsenden Bausumme, welch letztere als Vergütung für allgemeine Kosten der Verwaltung usw. angerechnet werden. Ebenso wie die jährlichen Überschüsse vom Buchwerte abzuschreiben sind, sind die etwaigen Mehrausgaben dem Buchwerte zuzuschreiben.

Der Fiskus ist gehalten, für den Wasserverbrauch Wasserzins nach den jeweilig geltenden Bestimmungen an die Stadthauptkasse abzuführen; das gleiche gilt für den Gasverbrauch, die Kanalgebühr sowie für die Straßenreinigungs- und Müllabfuhrgebühren.

Die Ausführung der Bauten erfolgt nicht in sogenannter Generalentreprise, sondern direkt unter Oberleitung von Beamten, welche von der Stadt für diesen Zweck angestellt sind; die einzelnen Arbeiten werden in Losen an Unternehmer nach öffentlicher Ausbietung vergeben.

Die Frage, ob die Errichtung und Unterhaltung der Betriebe von der Stadt selbst unternommen werden solle, oder ob beide der privaten Unternehmertätigkeit zu überlassen seien, ist für Königsberg fast stets eine reine Frage der Zweckmäßigkeit gewesen. Zur Einführung und Unterhaltung der großen, jetzt städtischen Betriebe gehört ein bedeutendes Kapital. Überschüssiges Kapital aber, welches in unserer Stadt nicht bei den gewöhnlichen Handels- oder Industrieunternehmungen leichtere und von vornherein rentablere Unterkunft fände oder in zweiter Linie in Grund und Boden untergebracht werden könnte, ist in der kapitalarmen Provinz Ostpreußen nicht vorhanden. Das für neue Unternehmungen in den westlicher und südlicher gelegenen Teilen Deutschlands vorhandene Kapital fand bisher noch immer leichtere Unterkunft außerhalb der nordöstlichsten Provinz. Zu schnellen und sehr bedeutenden Gewinnen bot sich bisher in dem sich stetig, aber nicht in beschleunigtem Tempo aufwärts entwickelnden Handel und Wandel Königsbergs nur in beschränktem Umfange günstige Gelegenheit, welche überdies von den vorhandenen Unternehmern selbst ausgenützt wurden. Sind die im Westen und Süden sich bietenden sehr günstigen Anlegungsmöglichkeiten für das Kapital nahezu erschöpft, so dürfte das Kapital auch in unserer Stadt Unterkunft suchen, zumal es hier zwar keinen übermäßigen und plötzlichen Gewinn zu erwarten hat, wohl aber einen günstigen und sicheren.

Der beste Beweis für diese Ansicht ist der, daß für die Errichtung eines bedeutenderen Elektrizitätswerkes Ende der 80er Jahre des vorigen Jahrhunderts die größten Elektrizitätsfirmen nicht zu erwärmen waren. Da das private Kapital sich von den Unternehmungen zurückhielt, so mußte die Stadtgemeinde ihren Kredit in Anspruch nehmen, um das erforderliche Kapital aus anderen Gegenden heranzuziehen. Daraus erklärt sich die häufig betätigte Haltung der städtischen Körperschaften, Betriebe, welche in vielen anderen Städten in privaten Händen waren, in eigene Regie zu nehmen. So hat die Stadt den Betrieb der Pferdebahngesellschaft in eigene Hand genommen u. a. auch deshalb, weil dieses Unternehmen nur unzureichend mit barem Kapital ausgestattet war. Denn das in den Bilanzen aufgeführte Aktienkapital war zu einem nicht unerheblichen Teil ein rein fiktives. Die Elektrisierung des Betriebes der Straßenbahngesellschaft geschah in der Zeit einer Hochkonjunktur, in welcher gerade die Elektrizitätsgesellschaften selbst in kleinen deutschen und auch ausländischen Städten Beschäftigung suchten, nachdem die Großstädte und Mittelstädte bereits abgegrast waren. Nur in einem Falle fand sich von vornherein ein kapitalkräftiger Unternehmer, nämlich für die Errichtung einer Gasanstalt. Daß das Angebot der Imperial Continental Gas Association abgelehnt wurde, lag lediglich an der damaligen Mißstimmung der öffentlichen Meinung in Preußen gegen diese Gesellschaft, mit welcher die Stadt Berlin wenig angenehme Erfahrungen gemacht hatte.

Die städtischen Körperschaften sind zu der Übernahme mancher Betriebe durch die Stadtgemeinde, wie z. B. der Einführung der staubfreien Müllabfuhr, welche ein unabweisbares Bedürfnis war, gezwungen gewesen, weil sich ein geeigneter privater Unternehmer nicht fand. Andererseits war bei der Wasserleitung ein privates Unternehmen schwer einführbar, weil die Stadt schon seit Jahrhunderten die Stauteiche nebst den Zuleitungsgräben besaß; aber die hier vorliegenden Schwierigkeiten hätten tatkräftige Unternehmer im Besitze von ausreichendem Kapital immerhin unschwer überwinden können.

Die Stadtgemeinde ist, wie aus der Darstellung der Entstehung der einzelnen Betriebe hervorgeht, häufig an die Stelle der fehlenden privaten Unternehmertätigkeit getreten, wollte sie die betreffenden Betriebe in Königsberg überhaupt eingeführt sehen.

Die finanzielle Bedeutung der Betriebe für die städtische Verwaltung liegt einerseits in dem Vermögen und in den Schulden, welche in ihnen angelegt sind, andererseits in den Zuschüssen, welche sie aus den sonstigen Einnahmen der Stadtgemeinde erfordern, bezw. in den Erträgen, welche sie für andere Zwecke der Verwaltung zur Verfügung stellen.

Das Vermögen und die Schulden der Stadtgemeinde nach dem Stande vom 31. März 1909 sind mit Unterscheidung der Verwaltungszweige und Betriebe in Tabelle 47 wiedergegeben; ein Zurückgreifen auf frühere Jahre verbot sich wegen Veränderung der Grundsätze zur Aufstellung des Vermögens und der Schulden der Stadtgemeinde. Eine Vergleichbarkeit durch Umrechnung herbeizuführen, unterblieb wegen der damit verbundenen außerordentlichen Arbeitslast. Der Verfasser möchte bei dieser Gelegenheit nachdrücklichst darauf hinweisen, daß eine Vergleichbarkeit dieser Angaben über das Vermögen und die Schulden für Königsberg mit denjenigen für andere Städte unbedingt ausgeschlossen ist, weil — das können wir ohne weiteres behaupten — keine Stadt bei der Aufstellung solcher Nachweisungen die gleichen Grundsätze befolgt. Leider wird auf diesem Gebiete außerordentlich viel gesündigt. In den allermeisten Fällen werden die Nachweisungen des Vermögens und der Schulden der verschiedensten Städte zum Vergleiche nebeneinander gestellt, ohne daß der betreffende Bearbeiter sich die Mühe genommen hätte, zu prüfen, ob bei Aufstellung der Nachweisungen von gleichen Grundsätzen ausgegangen worden ist. Und solches geschieht nicht nur von denen, welche auf dem Gebiete der Finanzstatistik und der städtischen Verwaltung Laien sind, sondern leider auch von manchen Fachleuten. Solche völlig unwissenschaftliche Arbeitsweise hat die deutsche Gemeindeverwaltung gerade nach ihrer finanzpolitischen Seite — vor allem hinsichtlich des Schuldenwesens — in durchaus ungerechtfertigter Weise vor dem Inlande und Auslande arg diskreditiert und die Verwaltungen erheblich geschädigt. Zum Verständnisse der genannten Tabelle werden daher die Grundsätze für die Aufstellung des Nachweises des Vermögensstandes der Stadtgemeinde Königsberg kurz mitgeteilt.

In den Vermögensnachweis werden aufgenommen: das Grundeigentum, das Inventar (Geräte, Maschinen, Materialbestände) und das Kapitalvermögen (Aktiva und Passiva). Ausgeschlossen sind die dem öffentlichen Gebrauch dienenden Straßen, Plätze, öffentliche Park- und Promenadenanlagen, Ufermauern und Bohlwerke, Brunnen, Denkmäler, Entwässerungskanäle, ferner die auf öffentlichem Rechte beruhenden geldwerten jährlichen Leistungen an die Stadt und alle Barbestände.

Hinsichtlich der Aufstellung des Vermögensnachweises gelten folgende Bestimmungen: Beim Grundeigentumsvermögen ist für alle bebauten und unbebauten Grundstücke der gemeine Wert nach dem Grundsatze der Grundsteuerordnung von 1905 zu berechnen. Von den ermittelten gemeinen Werten ist bei bebauten Grundstücken allgemein 1 v. H. des Feuerversicherungswertes der Gebäude als Abschreibung einzusetzen, sofern nicht eine höhere Abschreibungsquote vorgeschrieben ist.

Tabelle 47. **Vermögen und Schulden der Stadt Königsberg i. Pr. am 31. März 1909.**

Verwaltungsstelle bzw. Betrieb	Vermögen				Schulden
	Grundeigentum Mk.	Inventar Mk.	Kapital Mk.	überhaupt Mk.	Mk.
Allgemeine Verwaltung	2 204 470	1 247 924	—	3 452 394	—
Örtliche Polizeiverwaltung	1 789 760	738 053	73 661	2 601 474	—
Hochbauverwaltung	—	297	—	297	—
Straßen- und Brückenbauverwaltung	1 239 892	461 460	226 899	1 928 251	—
Hafen- und Handelsanstalten	2 449 000	394 309	—	2 843 309	55 000
Leistungen für Staat und Provinz	494 766	35 577	—	530 343	—
Kapital- und Schuldenverwaltung	—	—	5 418 965	5 418 965	15 610 997
Schulverwaltung, und zwar:					
a) Höhere, Mittel- und Bürgerschulen usw.	5 497 335	545 480	958 799	7 001 614	—
b) Volksschulen, Spielplätze usw.	6 325 470	487 880	42 897	6 856 247	—
Fortbildungsschulen	—	18 690	—	18 690	—
Wohlfahrtseinrichtungen	189 873	60 667	—	250 540	—
Offene Armenpflege	41 000	3 316	610 869	655 185	—
Geschlossene Armenpflege	879 786	84 412	771 851	1 736 049	—
Leihamtsverwaltung	195 362	13 225	244 042	452 629	149 000
Krankenhausverwaltung	2 932 171	374 929	7 047	3 314 147	—
Kanalisationswerke	607 931	411 456	—	1 019 387	9 745 062[1]
Wasserwerke	2 883 292	3 692 892	71 425	6 647 609	3 195 397[2]
Gasanstalt	2 615 333	6 125 414	96 183	8 836 930	7 569 798[3]
Elektrizitätswerk	1 031 921	2 971 772	61 644	4 065 337	1 334 462[4]
Elektrische Straßenbahn	875 531	2 942 695	35 918	3 854 144	5 051 714[5]
Schlacht- und Viehhof	2 613 926	478 866	—	3 092 792	2 613 502[6]
Park- und Gartenverwaltung	573 511	32 407	—	605 918	45 000
Grundstücks- und Marktverwaltung	13 372 738	4 981	81 646	13 459 365	6 463 820
Kaiser Wilhelm-Heimstätte	109 012	18 628	19 494	147 134	—
Waisenhaus	277 780	3 791	351 764	633 335	—
Färenheidsches Armenhaus	264 123	5 967	116 167	386 257	166 686
Legatenverwaltung	280 147	10 333	2 902 691	3 193 171	75 000
Gesecussche Überschußverwaltung	10 000	—	120 022	130 022	—
Selbstversicher.-Fonds f. Brandschäden	—	—	349 409	349 409	—
Jahresausgleichsfonds	—	—	1 017 771	1 017 771	—
Grundkapitalfonds	—	—	202 470	202 470	1 958 359
Betriebsfonds	—	—	1 157 807	1 157 807	11 810 081
Haftpflichtfonds	—	—	39 859	39 859	—
Schulhausbaufonds	—	—	175 836	175 836	—
Straßenbaufonds	—	—	48 093	48 093	—
Kasernen-Neubaufonds	800 301	3 127	—	803 428	803 428
Museumsfonds	335 252	—	115 887	451 139	—
Erneuerungsfonds:					
der Kanalisation	—	—	73 847	73 847	21 078
des Wasserwerks	—	—	75 573	75 573	—
der Gasanstalt	—	—	126 255	126 255	—
des Schlacht- und Viehhofs	—	—	325 320	325 320	—
der Straßenbahn	—	—	25 461	25 461	—
des Elektrizitätswerks	—	—	134 655	134 655	—
der Hafen- und Handelsanstalten	—	—	74 513	74 513	—
Zusammen	**50 889 683**	**21 168 548**	**16 154 740**	**88 212 971**	**66 678 384**

[1] Hiervon an Anleiheschulden: 9 745 062 Mk. — [2] desgl. 3 042 259 Mk. — [3] desgl. 6 964 822 Mk. — [4] desgl. 1 169 790 Mk. — [5] desgl. 5 051 714 Mk. — [6] desgl. 2 613 502 Mk.

Hinsichtlich des Inventarvermögens gilt, daß im einzelnen reichliche Abschreibungen vom Feuerversicherungswerte und eventuell vom Anschaffungswerte stattzufinden haben. Für Bureauutensilien allerart beträgt der Abschreibungsprozentsatz durchweg 10 v. H. des Anschaffungswertes. Beim Kapitalvermögen sind Rechte oder Verpflichtungen der Stadtgemeinde über wiederkehrende Geldleistungen mit den oben genannten Ausnahmen zu kapitalisieren. Kurshabende Wertpapiere sind zum Nennwerte, sofern der Kurs am Ende des Rechnungsjahres unter Pari steht, nur mit diesem in die Rechnung einzustellen.

Die Angaben der Tabelle 47 betreffen nach den genannten Grundsätzen nur den Buchwert der zum städtischen Vermögen gehörenden Grundstücke, Gegenstände, Rechte usw. Da bei den Schulden der vorhandene wirkliche Betrag mitgeteilt wird, so ist tatsächlich das Reinvermögen der Stadt höher als das rechnungsmäßige, welches sich nach der Tabelle auf immerhin rund 21 Millionen Mark stellt. Wie sehr sich der wirkliche Wert von dem Buchwert unterscheidet, das ersehen wir aus den Schulden und dem Vermögen der Kanalisationswerke; während erstere sich auf etwa 9,75 Millionen Mark stellen, beträgt das Vermögen nur 1,02 Millionen Mark, weil zu dem Vermögen die in der Erde liegenden Leitungen nicht gezählt sind; diese stellen in Wirklichkeit doch auch einen Vermögenswert dar, und zwar schon deshalb, weil ihr Vorhandensein bei der dringenden Notwendigkeit der ganzen Anlage die Stadtgemeinde zu Aufwendungen für diese Leitungen nicht zwingen kann. Der größte Teil (²/₃) der Anleiheschulden von rund 46 Millionen Mark entfällt in Höhe von 30,5 Millionen Mark auf die Kanalisationswerke, das Wasserwerk, die Gasanstalt, das Elektrizitätswerk, die Straßenbahn, sowie den Schlacht- und Viehhof. Von den übrigen Anleiheschulden von rund 15 Millionen Mark ist ein nicht geringer Teil ebenfalls in Betriebe hineingesteckt worden, welche nicht besonders angegeben sind. Der größte Teil des Vermögens der Stadtgemeinde ist, wie ein Blick auf die Tabelle lehrt, in den Betrieben investiert.

Inwieweit die gesamten städtischen Betriebe die Einnahmen und Ausgaben der Stadtgemeinde in den letzten 10 Jahren beeinflußt haben, wird in Tabelle 48 anschaulich zu machen versucht. Wir bemerken, daß in dieser Tabelle nicht die gesamten Überschüsse der Betriebe, welche außer in Abführungen an die Stadthauptkasse auch in neuen Rücklagen usw. bestehen, berücksichtigt sind, sondern lediglich die Beträge, welche für die Zwecke anderer Aufgaben der Verwaltung an die Stadthauptkasse bar abgeführt worden sind. Die unentgeltlichen Leistungen der Betriebe, z. B.

Tabelle 48. Die Zuschüsse der Kämmerei zu den Betrieben und die Abführungen der Betriebe an die Kämmerei 1899—1908.

Bezeichnung des Betriebes	Es betrug der Zuschuß der Kämmerei (—) bzw. der an die Kämmerei abgeführte Betrag (+) im Rechnungsjahre									
	1899 Mk.	1900 Mk.	1901 Mk.	1902 Mk.	1903 Mk.	1904 Mk.	1905 Mk.	1906 Mk.	1907 Mk.	1908 Mk.
Straßenreinigung	.	— 109 534	— 116 921	— 237 024	— 229 214	— 281 522	— 272 368	— 377 398	— 510 471	— 564 005
Badeanstalten	— 4 360	— 4 040	— 3 563	— 8 710	— 8 805	— 7 066	— 9 379	— 7 841	— 8 807	— 12 700
Desinfektionsanstalt	— 1 192	— 7 455	— 6 686	— 6 492	— 5 304	— 4 714	— 9 620	— 9 450	— 8 650	— 6 620
Kanalisation	— 245 808	— 282 831	— 275 949	— 269 284	— 353 944	— 365 113	— 399 387	— 392 843	— 407 883	— 436 652
Sparkasse	+ 158 600	+ 162 160	+ 215 567	+ 235 710	+ 236 822	+ 240 000	+ 275 246	+ 288 500	+ 280 000	+ 282 000
Leihamt	+ 2 369	+ 853	+ 956	+ 2 551	— 4 731	— 3 596	— 2 499	— 3 474	— 6 852	— 4 816
Fuhramt	— 186 118	— 256 225	— 123 919	— 207 008	— 160 436	— 186 499	— 221 556	— 246 766	— 266 986	— 303 022
Gartenverwaltung	— 21 746	— 21 804	— 58 118	— 32 700	— 44 200	— 57 283	— 125 774	— 150 360	— 179 232	— 134 000
Gasanstalt	+ 333 082	+ 180 000	+ 100 000	+ 100 000	+ 100 000	+ 100 000	+ 150 000	+ 220 000	+ 300 000	+ 400 000
Elektrizitätswerk	—	—	+ 60 000	+ 70 000	+ 129 391	+ 140 000	+ 250 000	+ 244 000	+ 247 500	+ 250 000
Straßenbahn	— 40 459	— 56 551	— 78 548	— 101 666	— 168 789	— 172 342	— 139 193	— 74 992	— 101 253	— 116 184
Handelsanstalten	+ 53 134	+ 55 978	+ 59 329	+ 44 399	+ 45 153	+ 19 314	+ 6 739	+ 35 084	+ 35 508	+ 40 386
Summe der Zuschüsse	— 499 683	— 738 440	— 663 704	— 862 884	— 975 423	—1 078 135	—1 179 776	—1 263 124	—1 490 134	—1 577 999
Summe der Abführungen	+ 547 131	+ 398 991	+ 435 852	+ 452 659	+ 511 366	+ 499 314	+ 681 985	+ 787 584	+ 863 008	+ 972 386
Mehrbetrag der Zuschüsse (—) bzw. Abführungen (+)	+ **47 448**	— **539 447**	— **227 852**	— **410 225**	— **464 057**	— **578 821**	— **487 791**	— **475 540**	— **627 126**	— **605 613**
Istaufkommen an Gemeindesteuern	4 341 404	4 621 086	4 823 926	5 258 476	5 343 584	5 376 479	6 207 178	6 641 462	7 368 457	7 767 261

die Kosten der öffentlichen Beleuchtung, welche die Gasanstalt und das Elektrizitätswerk der Stadt bekanntlich nicht in Rechnung stellen, sind hier nicht aufgeführt. Zu den Zuschüssen sind nur die Beträge gerechnet worden, welche aus den sonstigen Einnahmen der Stadt den Betrieben gezahlt worden sind, während die zur Deckung der Unterbilanz den eigenen Mitteln der Betriebe entnommenen Beträge nicht berücksichtigt worden sind. Das Wasserwerk ist hier nicht aufgeführt, weil nach dem Ortsstatut seine sämtlichen Ausgaben auf die Hauseigentümer umgelegt werden; der Schlacht- und Viehhof verwendet seine Reineinnahmen lediglich zu Rücklagen für Neubauten u. dgl. In der Tabelle, auf deren Angaben wir im übrigen verweisen müssen, ist außerdem noch das Istaufkommen aller Gemeindesteuern zum Vergleiche mitgeteilt worden. Die Ausgaben und Einnahmen der anderen Verwaltungszweige hier aufzuführen, ist untunlich, weil sonst bis ins einzelnste darauf eingegangen werden müßte, darzustellen, welche einzelnen Funktionen den Dienststellen obliegen; auch müßten die einzelnen Ausgaben- und Einnahmekapitel aufgeführt werden, wenn der Leser, welcher den Haushaltsetat der Stadt Königsberg nicht genau kennt, in der erforderlichen Weise hier eindringen wollte. Der Verfasser hat sich auf die Angaben der genannten Tabelle beschränkt aus den genannten Gründen, und weil diese Angaben eindeutig sind und Vergleiche mit ähnlichen Daten für andere Städte gestatten, falls diese, was sich leicht bewerkstelligen läßt, nach den gleichen Grundsätzen zusammengestellt werden.

Nachträglich ist noch mitzuteilen, daß im November 1909 zuerst die Allgemeine Elektrizitäts-Gesellschaft in Berlin, und bald darauf die Siemens-Schuckertwerke, Gesellschaft m. b. H., ebenfalls in Berlin, bei dem Magistrat den Antrag gestellt haben, ihr den Betrieb der Elektrizitätswerke und der elektrischen Straßenbahn auf dreißig Jahre unter Bedingungen zu verpachten, welche hier nicht zu erörtern sind, da sich die Sache noch in der Schwebe befindet. Der Magistrat nimmt zunächst noch eine abwartende Stellung ein, ehe er endgültig über diese Angelegenheit entscheidet. Es ist also das eingetreten, was der Verfasser oben als ein zukünftiges Ereignis voraussagte, bevor ein solcher Antrag vorlag. Es geht die Rede, die Antragsteller beabsichtigten, die einer Aktiengesellschaft gehörende Dampfeisenbahn von Königsberg nach dem etwa 40 km entfernt gelegenen, im Sommer sehr stark frequentierten Seebade Franz zu elektrisieren und das ganze Samland mit elektrischer Energie zu versorgen. Ein Urteil über die Zweckmäßigkeit einer Verpachtung der genannten städtischen Betriebe muß sich der Verfasser hier versagen.

FSC
www.fsc.org
MIX
Papier | Fördert gute Waldnutzung
FSC® C083411

Kolibri 360 GmbH
Ferdinand-Jühlke-Straße 7
99095 Erfurt, Deutschland
produktsicherheit@kolibri360.de

Druck:
CPI Druckdienstleistungen GmbH
im Auftrag der
Kolibri 360 GmbH
Ferdinand-Jühlke-Str. 7
99095 Erfurt